“茅舍槿篱溪曲”

“门外春波荡绿”

踏上回归精神故里寻古探幽的旅程，

感受乡土的温暖与润泽，

体味精神家园的馨香。

中国历史文化名城·名镇·名村丛书

中國歷史文化名鎮

四川恩阳

中国民间文艺家协会／组织编写

总主编／潘鲁生 邱运华

本卷主编／陈 俊

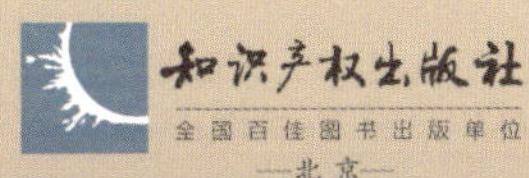

《中国历史文化名镇·四川恩阳》编委会

积聚海量信息 寻觅科学路径（序一）

邱运华

传统村落保护是当下中国文化遗产保护工作中最重要的社会性课题之一。对于一个具有绵延五千年不间断农业文明的民族来说，传统村落能否得到妥善保护更是一个文明能否传承的关键问题。

传统村落保护是当代社会发展的普遍问题，不独中国社会存在，西方发达国家存在，东方发达国家也存在。从世界范围看，这是一个国家从欠发达到发达、从农业社会过渡到工业社会、从以农村为主体发展到城镇化生活方式过程中普遍存在的问题。有学者把中国农村经济结构改造、社群建设、新文化建设和整体民生改善工作这一进程，追溯到 20 世纪 50 年代。但我以为，它毕竟不是我们现在所处的整体转向工业化、城市化进程中遇到的课题。中国社会同一性质的乡村保护课题，起源还是世纪之交的 2003 年 2 月 18 日“中国民间文化遗产抢救工程”。2012 年 12 月 12 日，住房和城乡建设部、文化部、财政部联合发布《关于加强传统村落保护发展工作的指导意见》，2014 年 4 月 25 日，除上述三部外又增加了国家文物局，联合发布《关于切实加强中国传统村落保护的指导意见》，两次重申传统村落保护的联合行动。冯骥才先生在 2012 年的一篇文章里把传统村落保护提高到文明传承的高度，我认为非常正确。中国社会各界对传统乡村保护的问题，有着非常积极的呼应。

中国是发展中国家，但是从东部、南部和东南部区域看，具有发达国家的基本特征。农村人口从西部向东部、从村落向城镇转移，是 1990—2010 年之间最重要的社会现象，这一巨大的人口变迁集中表现为城镇人口急速膨胀、传统村落急速空心化，不少历史悠久的自然村落仅仅剩下老人和儿童。因此，传统村落的保护在中国面临的问题，与发达国家相比，具有共同性。例如，从“二战”后恢复到工业化时期，德国和日本先后进行的村落更新或改造项目，具有几个明显特征：一是以激发村落内部活力、发展农村经济作为前提，以改造农村基本生活设施作为基础展开；二是村落更新或再造项目以土地管理法令的再研究作为保障；三是建立了学术界论证、公布更新或再造规划、政府支持的财政额度及投入指向、个性化改造方案与村民意愿表达的有效沟通机制，有效保障村落历史文化、自然风景、公共空间与私人空间等要素。综合来看，先行的国家特别注重传统村落的“民间日常生活”保存问题。

所谓“民间日常生活”的具体含义是什么？乃指传统村落村民群体的方言、交往方式、经济生产活动、衣食住行、生老病死、教育、节日活动、传统风俗、民间信仰活动以及区域性的传统手工艺活动等，以及上述种种的精神性、思想性、文化性、艺术性和物质性表现形态。长期以来，中国传统村落之所以成为民族文化的保留者和传承平台，核心在于保存着这个民间日常生活，它的内容和方式，在民间日常生活的基础上，方可承载不同样式、层次的民族文化。

之所以在这里提出“民间日常生活”作为传统村落的文化基础问题，乃是因为看到目前对待传统村落的两种观点具有相当的欺骗性，并不同程度地主宰和误导了传统村落的基本价值指向。一种是浪漫主义传统村落观，一种是商业主义传统村落观。浪漫主义传统

村落观把传统村落理想化、浪漫化，仿佛传统村落是用来怀旧的，象征着一切美好的自然与人类的和谐，田园风光，日出而作，日落而息，男耕女织，像是《桃花源记》里的武陵源，“不知有汉，无论魏晋”。但是，这不是民间日常生活；民间日常生活还包含在落后生产力条件下的温饱之苦、辛劳之苦，是传统村落里百姓的生活常态；生产关系之阶级阶层压迫、政治强权和无权地位，以及在自然面前束手无策，在兵灾、匪患和种种欺男霸女面前的悲惨状态，甚至中华人民共和国成立以来出现过的政治压迫、思想禁锢和社会运动之灾，是乡村浪漫主义者无法想象的，而这，就是大多数传统村落的民间日常生活。文人雅士，在欣赏田园风光和依依炊烟之时，能否探入茅舍，去看看灶台、铁锅和橱柜，去看看大量农夫、农妇的身子，他们是否仍然饥饿、寒冷？或者他们的孩子是在劳作还是就学？商业主义传统村落观呢，则直接把传统村落改造成伪古典主义的模板，打造成千篇一律的青砖瓦房，虚构出一系列英雄史诗和骑士传奇，或者才子佳人和神异仙境的故事，两者相嫁接，转化为商业价值或者政绩价值，成为行政或市场兜售的噱头，这一行为成为当下传统村落“保护”的常态。这两种传统村落观，一个共同的特点是把村落与民间日常生活相割裂，抹杀了民间日常生活在传统村落里的价值基础，从而，也直接把世世代代生活于这一场景的村民们赶出村落，嫌他们碍事，妨碍了我们的浪漫主义和商业主义梦想；他们不在场，我们可以肆意妄为地文化狂欢。那些在民间日常生活中久存的精神性的、思想性的、文化性的、艺术性的符号，均不在话下。但是，假如村民不在场，社群活力不再，传统村落如何是活态的呢？西方哲学有一个时髦术语，叫作“主体缺失”，因为主体缺失，因而话语狂欢。

关注传统村落的村民，无疑是中国传统村落保护的第一要素。但恰好是人这第一要素构成了传统村落的凋敝和乡愁的产生。

1990年至2010年这二十年，随着一些区域传统村落里村民流动性的增强，特别是青壮年村民向东部、东南部和南部沿海地区季节性的流动，极大地影响了这些区域传统村落民间日常生活的展开，减弱了传统村落的社群活力，也相应削弱了传统文化活动的开展。这样，构成传统村落民间日常生活的内容慢慢演变成淡黄色、苍白色，成为一种模糊记忆，抑或转化为一年一度的春节狂欢，最后，演变定格成为日常性质的乡愁。民间日常生活不再完整地体现在现在乡村生活之中。那个完整的民间日常生活，在我们不得不离开它的土壤之后，便蜕变为乡愁。乡愁这只蝴蝶的卵，就是民间日常生活。而伴随着乡愁这只蝴蝶而出现的，却是一个个村落日常生活不断凋敝、慢慢消失。乡愁成为我们必须抓住的蝴蝶，否则，我们的家乡便消失在块垒和空气之中，我们千百年创造的文化便无所依凭。然而，据统计，在进入21世纪（2000年）时，我国自然村总数为363万个，到了2010年，仅仅过去十年，总数锐减为271万个。十年内减少约90万个自然村。若是按照这个速度发展下去，三年、五年之后，我们的传统村落便所剩无几了。也就是说，出生和成长在这些村落而现在散居在世界各地的人们，将无以寄托他们的乡愁。若是其中有的村落有几百年、上千年甚至更久远的历史呢？若是其中有的村落有着华夏一个独特姓氏、家族、信仰和其他各种人文景观等呢？

越来越多的学者开始从事传统乡村保护的研究工作，例如《人

民日报》2016年10月27日发表了“老宅、流转、新生”为题的介绍黄山市探索古民居保护新机制的文章，还配发了题为“古民居保护，避免‘书生意气’”的评论；《中国文化报》2016年10月29日发表了题为“同乡村主人一起读懂文化传承”的文章，提出了“新乡村主义”的概念，在它的题目之下，包含有乡村治理、乡村重建和乡村产业化的多功能孵化等内容。为此，文章提出了“政府在制定政策方面、标准化编列预算、聘请专家团队和NGO组织，进行顶层设计、人才培养、产业孵化和公共服务”四项基本措施，还配发了“莫让古民居保护负重前行”的文章。《光明日报》2016年11月15日发表了题为“福建土堡：怎样在发展中留住乡愁”的报道，记叙了专家考察朱熹故乡福建三明尤溪土堡的过程；记者报道了残存的土堡现状，记录下专家们的意见：政府与社会资本合作的“PPP模式”，面对乡村人口日趋减少的不可逆现实，应该吸引城市中的人回到乡村，将土堡打造为“民宿”，在不破坏现有形制的前提下，实现功能更新。也有专家提出，就保护而言，首先应该考虑当地人，人的利益是优先的，只有做到长期发展而不是只顾短期利益，文化遗产保护事业才能够持续发展，等等。

上述建议，已经超越了简单的乡愁情怀，而诉诸国家土地法规、资金筹措模式、专家功能实现等层次。应该说，在越来越深入研究、讨论的基础上，对传统村落保护的思路越来越宽了，为政府制定传统村落保护法提供了良好的基础。在国家立法的基础上，国家、地方政府组织专家开展普查，确认传统村落的级别，分别实施不同层次的激活、保护、开发，才有坚实的基础。

我理解，通过专家学者的普查、认定，得出的结论一定会有利于政府形成健全完备的保护方案和具体操作措施。一方面，对仍然有社群活力的乡村，实施新农村建设规划，改善其经济机制，改建生活设施，改善村民的生活条件，把工作重点聚焦到提高农业产业框架基础、为居民提供更好的生活环境、增强村庄文化意识、保存农村聚落特征上来。另一方面，为有着特殊文化传承却逐渐凋敝，甚至失去社群活力的乡村，探索一套完善保护的工作模式，形成一种工作机制，并得到国家法规政策的支持和保障，包括土地规划、投资体制、严格的环境保护，建立严格的农民参与机制等，为保留故乡记忆、记住我们的乡愁，留下一系列艺术博物馆、乡村技艺宾馆，产生具有独特价值的“乡愁符号”。

作为“中国民间文化遗产抢救工程”的重要项目之一，《中国历史文化名城·名镇·名村丛书》正是通过众多专家学者和民间文艺工作者辛勤的田野调查工作，在中国民协推动的“中国传统村落立档调查工程”所积聚的海量信息基础上，多学科、多视角地反映当下古城古镇和传统村落现状，发掘传统文化的独有魅力，进而为保护和传承优秀传统文化积累鲜活的素材，汇拢丰富的经验并寻觅科学的路径。相信这套丛书的出版将对古城古镇和传统村落的保护发挥积极作用。

2017 年 3 月

（作者系中国民间文艺家协会分党组书记、驻会副主席）

愿乡愁这棵树，在中华大地美成诗（序二）

孟燕

从甘孜州康巴藏区调研回蓉，脑子里全是经过的每一个县各不相同、各美其美的藏式民居和各具特色的民间手工艺术，此时就接到知识产权出版社孙昕老师电话，说《中国历史文化名镇·四川恩阳》已后期排版，让抓紧写省卷序言。

不由得脑子里又浮现出刚去过的甘孜州一些城镇乡村的美景，如乡城县的“白藏房”，梯形样式，房顶一圈棕红色，点缀有圆点、方块的白色图案。每年在当地的传召节前，人们采山上特有的阿戈土掺水搅拌，从房墙上淋下，直到变白。不仅美观，防晒防雨，更包含颂平安、祈美好之寓意。藏式民居在道孚县则突出木石结构，花窗内饰雕梁画栋、华丽美观……而遗憾的是我们现在的大部分县市的建筑已是千城一面，无差异无美感，仅存的有特色的传统村落也随着由农耕文明迈向工业文明的步伐逐步空心化，有的急遽消失。这也是为什么自2012年起，国家正式将“中国传统村落”列入了保护名录。著名文化学者冯骥才先生说：“这个时代文化的使命首先是抢救。”历史文化是一次性的，如果失去就没有了。我们可以大兴土木，再建高楼，但那些历史遗存下来的建筑、有文化记忆的场所，一旦毁损，便不可复生。

中华民族有五千年绵延不绝的文明史，这是我们傲然于世界民族之林的独特的贡献。我们走过的历程可以是一个个朝政更迭，一次次文化兴衰，其演变的历史故事都离不开生活的土地上的城镇乡村，从中，人类得以回望走过的路，认清自己民族性格和价值观形成的 DNA，从而展望未来。

截至目前，我国先后公布有国家级历史文化名城 315 座，7 批 312 个国家级历史文化名镇，487 个国家级历史文化名村。其中四川有国家级历史文化名城 6 个，历史文化名镇 31 个，历史文化名村 37 个。古城、古镇、古村在中华五千年文明史中，扮演着极其重要的角色，承载着历史、文化、民俗、美学……甚至那一个个老井、古树、寨墙、牌坊、匾额、戏台、碑记，述说的不仅仅是岁月，更是我们所以成为中华民族的基因所在。而加上一个“名”字，则更彰显出悠久的历史、厚重的文化和独特的风貌，值得去保护、珍视。

中国民协以高度的文化自觉和担当精神，在全国推出“中国历史文化名城·名镇·名村丛书”的出版，这也是中国民间文化遗产抢救工程中的一个重大项目，得到各省学者、民间文化工作者的积极响应，成果丰硕。

四川民协选了巴中市恩阳古镇和甘孜藏族自治州的丹巴县莫洛村作为试点，先行出书。恩阳古镇历史悠久，且被红色文化浸润的土地。巴中市民协意识到位，积极响应。执笔的陈俊作为巴中市民协副主席非常熟悉、热爱当地民间文化。莫洛村则是典型的嘉绒藏族村，省民协副主席、川大藏学文化研究中心教授李锦，带学生在此做过多次的考察调研。后续我们会按中国民协的部署，逐步编辑出版更多名城、名镇、名村图书，图文并茂地呈现给读者，使之对我们生于斯长于斯的故乡有更多的热爱，对祖国大家庭中每一个不同样貌的城镇村寨产生了解的渴望，从而催生尊重、保护的意愿和措施。

今年十月，我们国家在北京天安门广场举行了盛大的庆祝中华人民共和国成立70周年的阅兵式，祖国的强盛让世人瞩目，让作为炎黄子孙的中国人无比自豪。祖国是由我们的960万平方公里的土地构成，是由这块土地上的山山水水构成，是山水间土地上的每一个城市、村镇构成。我们保护好国家已命名的名城名镇名村，也就保护了我们的文明根脉和精神家园。

台湾女作家席慕蓉在一首诗中写道：“乡愁是一棵没有年轮的树，永不老去。”说的是跨越岁月的对家乡的思念，我们每个人都有乡愁，无论在城市还是乡村，但安放乡愁这棵树需要空间，这空间有山川地貌、历史文化包裹，这空间正是我们生活其中，需要不断维护发展的城镇村寨。

“夫物之不齐，物之情也。”习近平总书记多次在讲话中引用孟子这句话。乡愁的永恒魅力也在于多样性，在于我们生长在风情万种、美美与共的城镇村寨，这与多元化时代的发展进步是并行不悖的。愿乡愁这棵树，在中华大地美成诗。

2019 年 10 月

（作者系四川省民间文艺家协会主席）

中国历史文化
名城·名镇·名村丛书

中国历史文化名镇

四川恩阳 | 目录

022 引言

第一章
米仓古道上的千年明珠

030 千年郡县古镇
033 青砖小瓦木板门的川东北民居宅院
045 风貌依旧的古街巷
059 街中的会馆堂口
066 巧妙的排水系统
067 码头与桥

第二章 水码头上的茶馆文化

076　奇特的茶馆

088　神秘的戏窝子

095　川剧团之兴衰演替

第三章 古镇上的红色革命

100　苏维埃政权机构遗址

103　石刻标语遗存

105　红色人物

109　红色歌谣

第四章 风物特产与技艺

114　良田沃土物产多

120　聪明灵秀手艺巧

131　独特而传统的餐饮小吃

第五章 山寨寺庙与民俗信仰

144 历经沧桑的山寨与寺庙

159 古老的文昌会

162 正月十六登高

164 说春

167 古朴厚重的生活习俗

178 独到奇异的节日习俗

第六章 文化集萃

184 碑刻辑录

188 传说故事

195 历代诗文

197 特有的节气歌谣

198 结语

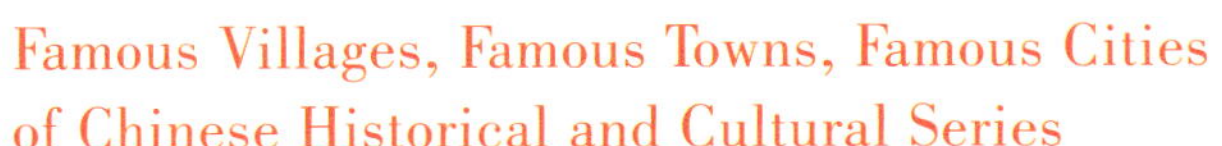

Famous Villages, Famous Towns, Famous Cities of Chinese Historical and Cultural Series

The Chinese Famous Historical and Cultural Town

Enyang Sichuan | Contents

022 Foreword

Chapter 1
The Bright Pearl of Thousand Years on the Rice-storehouse Ancient Roads

030 Ancient Town and Country of Thousand Years

033 The Greybrick-smalltile-woodendoor Residence House of the North-east of Sichuan

045 Ancient Street Styles as Usual

059 Guild Hall on the Street

066 Artful Drain System

067 Wharf and Bridge

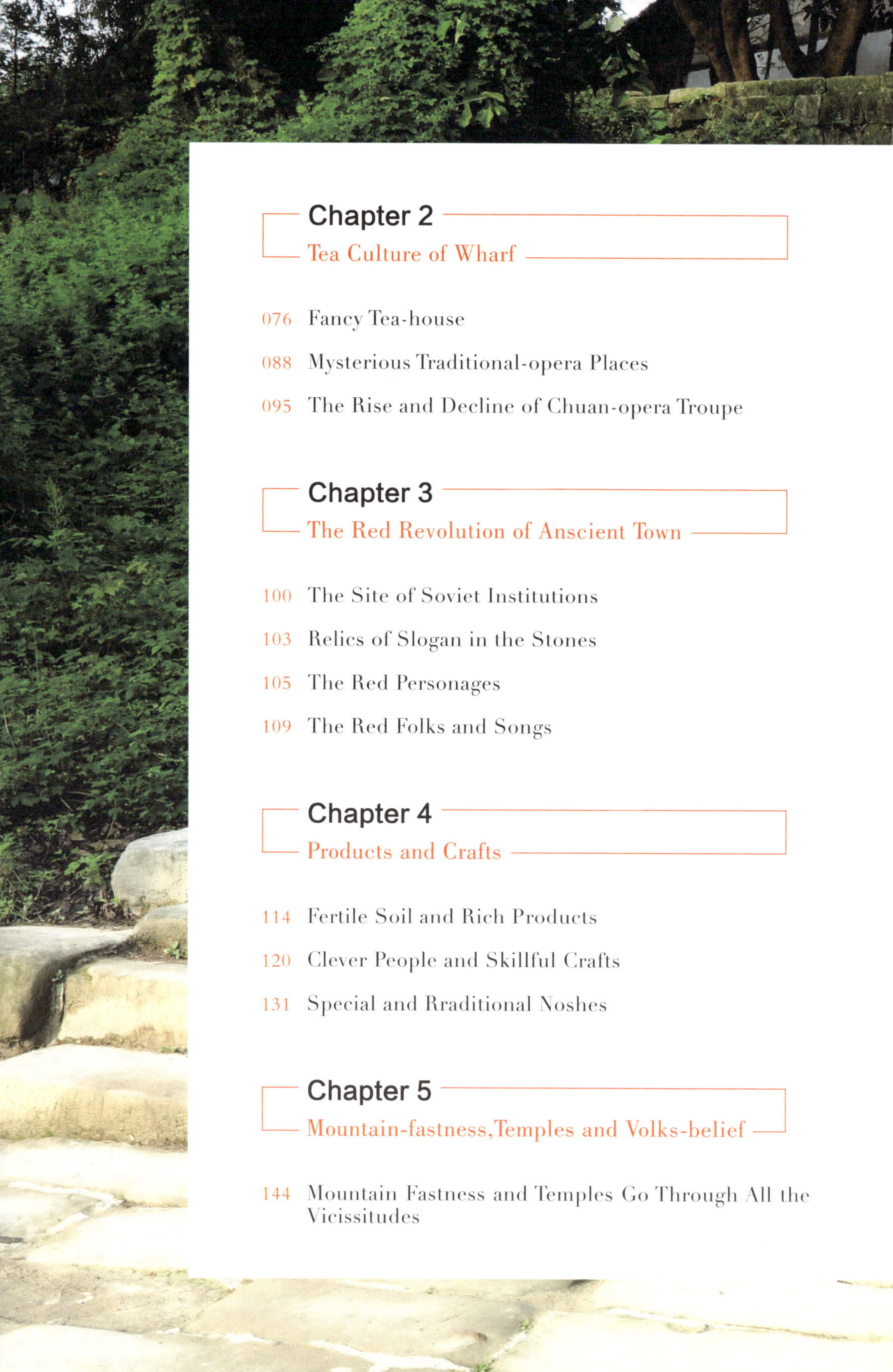

Chapter 2
Tea Culture of Wharf

076 Fancy Tea-house

088 Mysterious Traditional-opera Places

095 The Rise and Decline of Chuan-opera Troupe

Chapter 3
The Red Revolution of Anscient Town

100 The Site of Soviet Institutions

103 Relics of Slogan in the Stones

105 The Red Personages

109 The Red Folks and Songs

Chapter 4
Products and Crafts

114 Fertile Soil and Rich Products

120 Clever People and Skillful Crafts

131 Special and Rraditional Noshes

Chapter 5
Mountain-fastness,Temples and Volks-belief

144 Mountain Fastness and Temples Go Through All the Vicissitudes

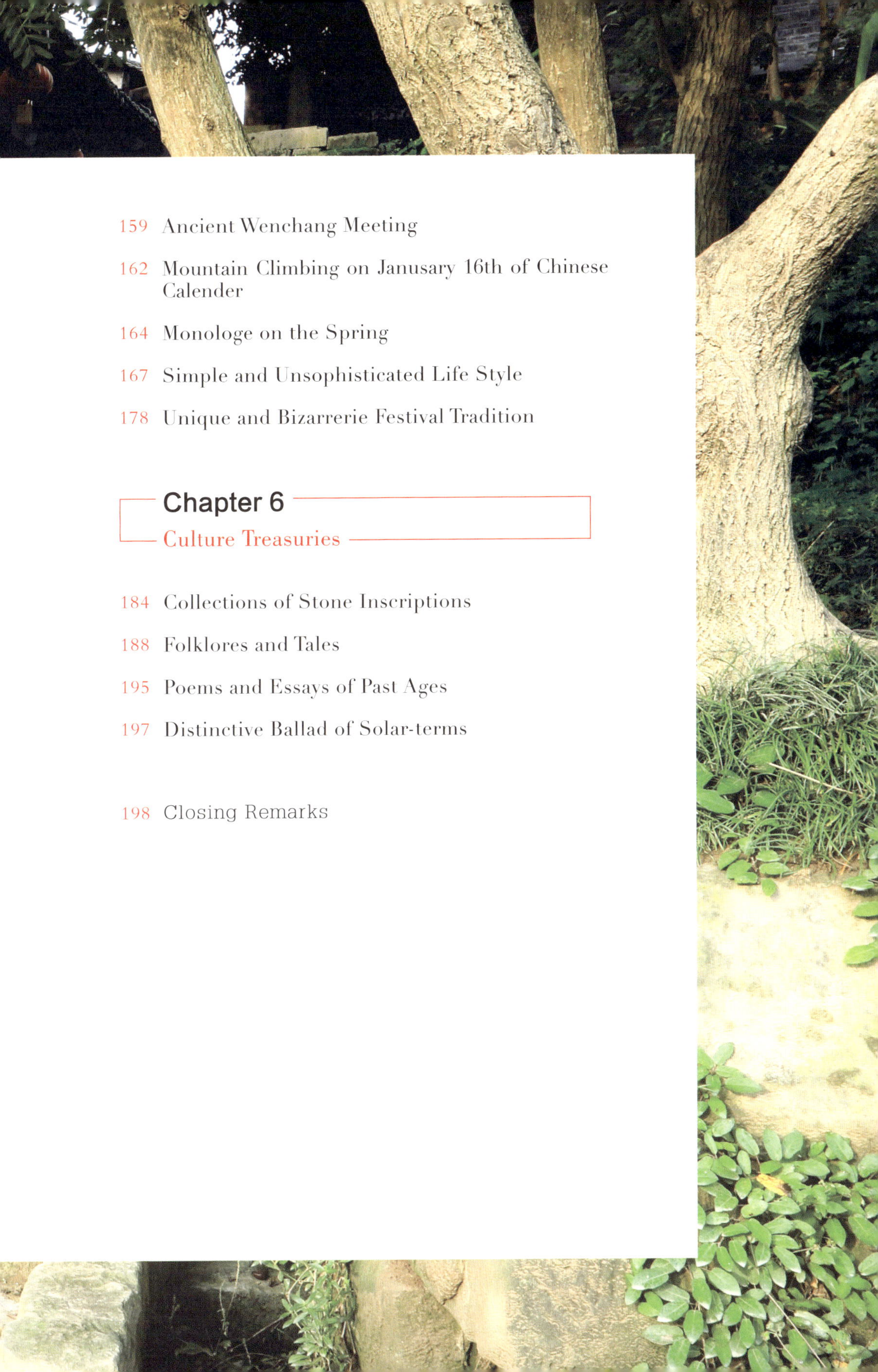

159 Ancient Wenchang Meeting

162 Mountain Climbing on January 16th of Chinese Calender

164 Monologe on the Spring

167 Simple and Unsophisticated Life Style

178 Unique and Bizarrerie Festival Tradition

Chapter 6
Culture Treasuries

184 Collections of Stone Inscriptions

188 Folklores and Tales

195 Poems and Essays of Past Ages

197 Distinctive Ballad of Solar-terms

198 Closing Remarks

引言

恩阳，依大巴山之南，居四川东北部，处古蜀道米仓道要冲。千年以远，恩阳就因它连数州之边境，当多县之冲衢，良田阡陌无数，有恩阳河、之字河两水环抱，水陆交通便利，能南下襄渝荆楚，北上汉中西安，势控秦巴咽喉，历代历朝在此设郡置县，成为兵家必争之地和通商口岸，古镇由此形成。

恩阳临水聚居，傍山筑城，镇内古建筑层层叠叠，高低错落。古朴的街巷仍保持着传统的格局，层叠的街市与起伏的地貌完美结合，高高低低的石阶，整齐划一的青石板路面，延伸出墙面的骑门

↓ 上正街、油坊街局部

柜台，呈现着独特的风貌。纵横交错的街巷，韵味独特的明清古建筑群，随处可见的红军遗迹，扑朔迷离的民间传说……穿越千年的光阴无不在向你诉说。

恩阳属于浅丘地貌，地势平坦，属亚热带季风气候，年平均气温17.4摄氏度，年均日照2478小时，降水充沛，年降水量1100—2200毫米，无霜期约275天，区域内秋季多雨，冬季多雾，霜、雪较少。主要风向为西北风。古镇水文条件好，嘉陵江、渠江支流水系贯穿全境，因此船运发达。独特的地理位置，悠久的开发历史，再加之物产丰富，让恩阳商贾云集，开启了文化铸造和商贸交流长河，昌盛一方。巴人文化、茶馆文化、移民文化与民风民俗在这里交织交融，闪烁着璀璨的光芒，成为恩阳古镇魅力四射的人文景观。

恩阳主要有郭、陈、邬、谢、张、喻、匡、胡、赖、李等姓氏，为汉族聚居地；有13472户、55420人口，劳动力17562人；商贸、旅游、服务业和手工业为恩阳的主导产业。

恩阳现隶属于巴中市恩阳区文治寨街道办事处，地处成都、重庆、西安三地形成的三角中心，与三地距离均在300公里左右。距今巴中市人民政府驻地巴州城17公里，成为巴中一城两翼的重要组成部分。古镇至今仍较完整地保留了寨、馆、宫、庙、河埠码头、洗衣台、钓鱼台、拴马石以及米仓古道等重要文化遗存。

恩阳古街古巷，其原始的风貌古朴安静，仿佛时光在这里打结，许多人在这里穿越历史、感知过去。清华大学教授、古建筑专家

↓ 四水归堂的建筑形制

朱仕轩曾用四个“一席之地”评价恩阳古镇：在中国古建筑史上、规划建设上、民风民俗文化上、近代革命史上都占有一席之地。

恩阳获得了众多殊荣，2002年，入选四川省十大古镇；2008年，被文化部、国家文物局确定为中国历史文化名镇；2016年，入选中国传统村落名录；2016年，被国家评为AAAA级旅游景区。中央电视台心连心艺术团和中央电视台“远方的家”“文明密码”栏目先后走进古镇，《战地黄花》《巴山游击队》《巴山女红军》《红军小学》等影视剧在此拍摄，恩阳古镇已成为《中国摄影报》、四川省文联、北京电视台、峨眉电影制片厂的创作拍摄基地，年均游客达200万人次。

↓ 正街全景

悬山式、人字水青瓦屋顶，穿斗木结构是恩阳古镇川东北建筑风格的表达

↑ 恩阳古镇

↑ 临水而建的恩阳古镇

恩阳古镇，有着一千多年的历史，地处最早的古蜀道之一——米仓道要冲，是古长安通向巴蜀的一处重要驿站，建有水陆通商码头，地理位置特殊、优越；恩阳古镇，山川秀美，人杰地灵，物产丰富，世世代代繁衍生息在此的恩阳人，不但创造了独具特色的带有巴文化气质的川东北街式民居，还培育了许多亮丽多彩的奇特景物，沉淀出灿烂丰富的地域文化结晶。

↓ 人字水青瓦屋面是恩阳古镇建筑的特点之一

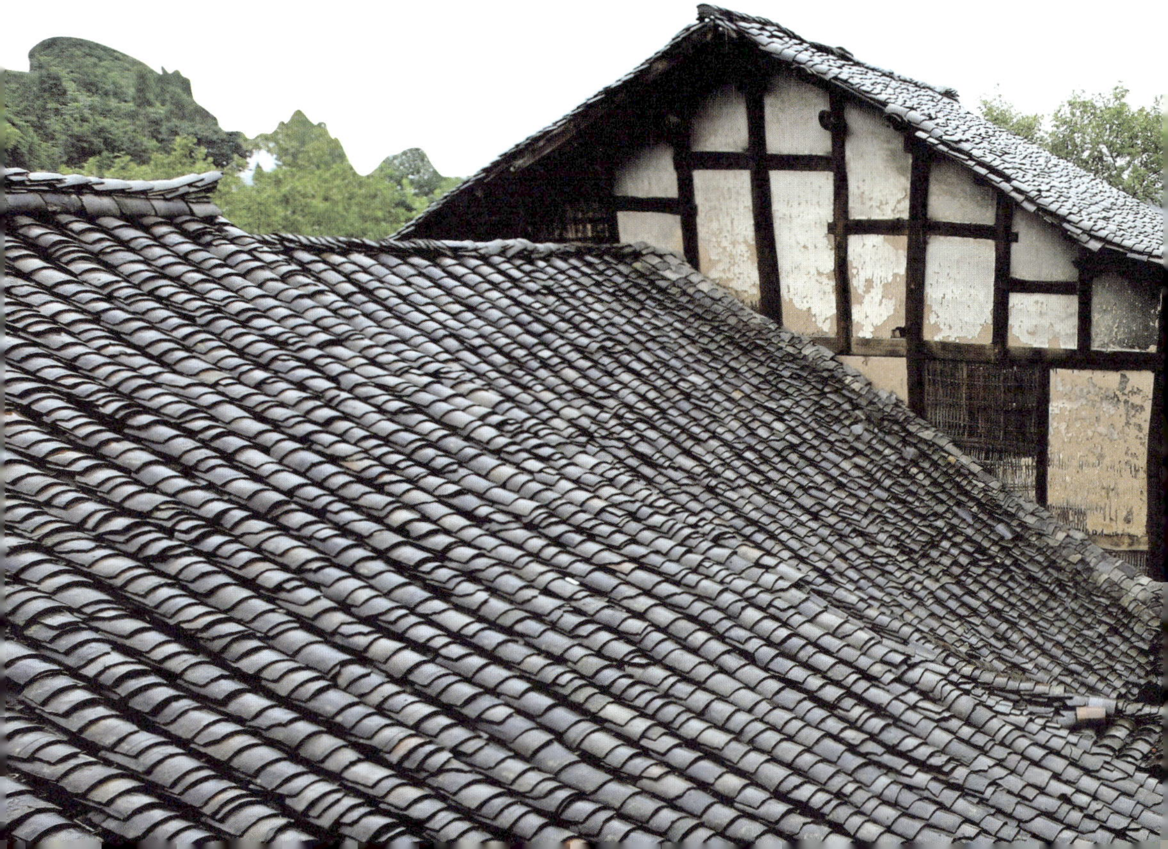

米仓古道上的千年明珠

千年郡县古镇

恩阳，古称义阳，从属地的月亮岩遗址可证明，其从新石器时代起就有人类活动，后属古巴子国范畴，具巴文化明显特质。据《巴中县志》载，先秦时，恩阳属西汉水以下嘉陵江畔古阆中之辖区，周郝王元年（前314），巴子国迁都阆中时，其地堪称“都畿”（国都附近的地方）。后汉和帝永元年间（89—105）划宕渠之北设汉昌县，为巴人集中居住区，而恩阳又集中居住巴人中的僚人。

史料确记，恩阳于南北朝梁武帝普通六年（525）设义阳郡、

↓ 从文治寨远眺恩阳古镇

义阳县，郡县同治，迄今已有1494年。因僚人常反，隋开皇三年（583）罢郡留县，隋开皇十八年（598）改义阳县为恩阳县。恩阳千佛岩有隋“普济”题刻，恩阳大石坎有唐贞元石刻“隋恩阳县”。唐贞观元年（627）将静州从今旺苍县普济乡迁移今恩阳镇飞凤村，恩阳县属静州。唐贞观二年（628）省恩阳县，唐万岁通天元年（696）又复置恩阳县，治所今恩阳古镇老场。宋沿唐制，仍设恩阳县，治所今恩阳老场，属巴州。元代，省难江（今南江县）、恩阳两县入化成，治所今巴州区。

↑ 下正街局部

自南北朝至元代20年间，先后在恩阳设置郡、县政权机构达871年，实乃六朝郡县之故地。第二次国内革命战争时期，红四方面军在此设置恩阳县，恩阳成为川陕革命根据地重要的县级苏维埃政权。1935年3月，红四方面军北上抗日，撤离恩阳，苏维埃政府亦同时撤销。中华人民共和国成立后，恩阳镇属川北行署区达县专区巴中县（1950年1月18日，设立署区、专区、县、镇/乡、村五级制），1950年巴中县按区划分，恩阳属第五

↑ 从登科寺远眺恩阳古镇

↑ “隋恩阳县”题刻

区，1951年春改为第九区，并建恩阳镇，辖五街道段；1958年，并入恩阳人民公社，名“工商管理区”（恩阳镇、乡是并设的）；1961年7月，分置恩阳镇人民公社。1980年，复恩阳镇人民政府；1993年7月5日，达县易地区名达川，10月，巴中撤县升地区，作巴中地区，恩阳镇为巴中地区巴中市辖，同年，撤并乡镇，司城乡、麻石乡并入恩阳镇；1997年，司城乡恢复建制，从恩阳镇划出；2000年6月，巴中地区改市，巴中市改巴州区，辖恩阳镇；2005年4月，明扬乡、司城乡并入恩阳镇；2013年1月，设立巴中市恩阳区，恩阳镇由巴中市恩阳区辖。历经1500多年，恩阳再一次成为“郡县”级，治所在今恩阳古镇。

↓ 万寿宫局部

青砖小瓦木板门的川东北民居宅院

恩阳古镇，山围四面，水绕三方，民居、商铺、街坊便临水傍山依势而筑，大街小巷层层叠叠，宛若梯田，前后相嵌，左右相抱。现保存完好的17条街巷，均为明清时期建筑。分布其中的近800套民居多为四合院布局，穿斗木结构，木柱檩梁、双檩双挂、单檐悬山式瓦屋面，一楼一底；墙身多用竹篾土夹墙，门面多为可拆卸的木板门，并向外部分伸出，构成木质骑门柜台，便于经商售货。一般建筑口面较窄，进深较长，内开多重天井；大户人家则多有复式四合院，前院有天井、鱼缸，后院有花园、假山。古镇民居建筑的窗棂皆为方窗，现存窗雕多数为分格、如意格、什锦嵌花、鸟兽花卉等，形神各异，造型美观，堪称川东北民间建筑木雕艺术之精品，具有极强的民俗文化特色，是研究我国川北明清建筑不可多得的实物资料。

民居中也有“异花独放”的，带有外来移民文化特征，如正街胡家，其门厅高大，正庭高近五米，长条喜字窗棂呈左右对称排列，外窗椭圆，蝙蝠浮雕上有圆形凤眼，内有板壁，百年无缝，大门前檐两柱前撑呈八字形，示有功名之家，后天井连着内梯与走廊，风格独特。

在古镇里，最具川北民居风格的建筑当属吊脚楼，可谓匠心独运，布局科学，是聪明能干的巴人建筑艺术的结晶。吊脚楼主要集中在古镇内临河的油房街和姜市街一带，为明清建筑，全木质结构，整个楼阁飞檐翘角，雕梁画栋，有一层的，有两层的，有三层

时痕可鉴

黛瓦映苔

庭院深深

黛瓦映苔

静静的街口

的，最高的达到四层。为了扩大面积，阁楼大多形成“丁”字形的向外挑空结构，有的从房殿伸出，有的从楼脚伸出，还有的从窗户外伸出，有的吊脚楼从一层至另一层有凉梯相连。独特的吊脚楼与悬山式、歇山式屋顶相互辉映，形成独特的传统建筑特征，具有很高的历史、艺术、科学价值。

拾级而上的道路从拥挤的吊脚楼下穿过，蜿蜒曲折于吊脚楼的缝隙之中，时而又会柳暗花明，终于豁然贯通在长街短巷前。

↑ 位于上正街 14 号的码头老茶馆

↑ 上正街 14 号

上正街14号民居

上正街的14号民居，即码头老茶馆，由于商业需要，其建筑的布局采用自由式平面，功能分区明确。建筑面积约400平方米，为二楼一底式，采用底商上宅的模式，五进式院落，由两个院落围合而成，靠近码头地势高差较大，设置了多步台阶；楼上围绕内天井建对称式回廊，回廊一侧为木质栏杆，另一侧因地势置砌青石栏杆，回廊均可通两侧房间，从下往上看，形成天外有天的空间格局。老茶馆为悬山式青瓦屋顶，穿斗式木结构，墙身采用竹篾筋泥夹墙，建筑立面为可随意拆卸的木质门板，色彩质朴，以朱红色为主。木质骑门柜台向外伸出，宽2.3米，高1米，厚0.8米，便于经商售货。

↑ 正街 25 号民居月亮门

正街25号民居

正街25号民居，即胡家大院，是沿街而建的街市民居，建筑面积约350平方米，一楼一底式，原为三开间五进院落，有两个大小不一的院落，现第一进院落建筑已毁；建筑平面呈自由式布局，由于地势高差较大，入口处有7步大台阶通向正门厅，正门厅的规制为8米×8米，堂屋位于中轴线上，平面布局简单空旷，左右两边只摆设几把桌椅，进入堂屋便是神壁正中的香案。从堂屋后左侧上5步阶梯，有一小平台，再上13步阶梯，为起居区，整个建筑的房间围绕天井布置，天井为8米×7米。后天井连着内梯和走廊，风格独特，别有韵味。胡家民居为悬山式青瓦屋顶，穿斗式木结构，门厅高大，正厅高近5米，墙身采用竹篾筋泥夹墙或木质板壁；窗户是胡家民居一大亮点，其正门厅墙上有两层雕花窗，上层三栋为棱形条格窗，下层三栋，左右为“卍”字形方窗，中间一栋整体造型

↑ 正街 25 号民居东厢房

↑ 正街 25 号民居外景

为“团寿”式，在“寿”字中饰有5只蝙蝠、12朵牡丹图案，有“五福捧寿”“月月富贵”之意。

正街52号民居

正街52号民居是典型的沿街而建的单层式街市民居，占地面积约400平方米，建筑面积约300平方米。用青石料建造的大门上，镌刻着一副楷书对联：旷怀市井非周赐，门第诗书自汉韵。据说，此建筑是明末清初一位王姓贡生家的，并存有“世德清芬”四字的刻木匾。正街52号民居为悬山式小青瓦屋面，三开间五进院落，正门处石砌拱门，整个建筑平面呈现自由式布局，有大小两个院落，前院有天井、鱼缸，后院有花园、假山。各个房间环绕天

↓ 正街 52 号民居门墙

井布置，会客和祭拜祖先等重要功能都设置在竖向空间较大的位置，内堂门厅和主厅在屋顶设置了“亮瓦”等采光方式；其格子窗所镶嵌的石榴、寿桃等纹饰，雕刻精美，寓意吉祥。正街52号民居的墙体高6.4米，同周围民居的屋脊高度相同，房屋为穿斗式木结构屋架、木柱檩梁、双檩双挂，墙身采用竹篾筋泥夹墙；门面为可拆卸的木质门板，并向外伸有宽2.3米、高1米、厚0.8米的木质骑门柜台。

↑ 正街52号民居内院

↑ 正街 54 号民居内院

↑ 正街 54 号民居大门

正街54号民居

正街54号民居与52号民居毗邻，空间形式变化丰富，平面相对规整，建筑面积约330平方米，平面布局采用自由式。由于用地紧凑，其门面窄，进深长。正街54号民居为三进院落，整个院落由三个大小不一的天井相互串联，室内设置踏步解决高差问题。整个建筑的采光较好，通透性强；屋顶为悬山式，采用小青瓦铺就，整个墙体高约6.4米，同周围民居的屋脊高度相同，房屋为木结构，穿斗式，木柱檩梁，双檩双挂，柱础为多层素面式；墙身主要采用竹篾筋泥夹墙，井字格木窗，色彩质朴，以朱红色为主。门面为可拆卸的木质门板，并向外伸出木质的骑门柜台。

禹王宫街12号民居

禹王宫街12号民居，占地面积约300平方米，建筑面积约240平方米。中厅为甬道式典型的街市建筑，宽3.5米，三开间五进院落，进深27米，两个天井大小不同，建筑平面呈严格的中轴对称式布局。各个房间围绕天井布置，两侧房间为一楼一底，一般用作起居室，空间形式较为规整。屋顶为悬山式，整个建筑围有封火山墙，穿斗式木结构，墙身采用竹篾筋泥夹墙，建筑通高6米。多雨季节，通过屋面与封火山墙相交形成的坡度，从而可有效排水。中庭两侧居室为解决采光问题，通排雕花窗棂，雕花以“回”字、“卍”字、“井”字纹等形式为主，刀法古朴，风格粗犷。房屋垂花柱为仰覆莲金瓜式造型，雕刻精美，栩栩如生。

↑ 禹王宫街12号民居内院过廊

↓ 禹王宫街12号民居明式风格的雕花窗棂

禹王宫街 12 号民居内院过廊

禹王宫街 12 号民居木板墙

禹王宫街 12 号民居卍字雕花窗棂

禹王宫街 12 号民居莲瓣瓜形垂花柱

禹王宫街 12 号民居瓦当

禹王宫街 12 号民居垂花柱

禹王宫街 12 号民居卍字雕花窗棂

↑ 姜市街 16 号民居吊脚楼与过道石梯

姜市街16号民居

姜市街16号民居是典型的平面自由式布局，其中一个山墙面为顺应地势形成斜面状，从而使得建筑平面表现为不规则形式。其建筑面积约360平方米，五开间三进院落，采用二楼一底的形式。整个建筑围绕中间较大的天井布置。正厅采用封闭围合的形式，内堂主厅在屋顶设置了“亮瓦”进行采光。姜市街16号民居为悬山式青瓦屋顶，整个墙体高6米，比周围民居的屋脊高度较矮；房屋为木结构，穿斗式，木柱檩梁，墙身采用竹篾筋泥夹墙。门面采用向内开设的木质门板。

↓ 姜市街 16 号民居门墙

风貌依旧的古街巷

恩阳古镇依之字河、恩阳河两水而建，借恩阳河汇入巴河、渠江之便，这里曾经是重要的内陆商埠。直到20世纪50年代，恩阳住户仍有上万人，古镇还保留着商贸市镇的基本形态。清代建的几个码头，沿恩阳河一字排开，货场（位于三圣宫下，靠河边）附近有水巷子相通，还有禹王宫、万寿宫、龙母宫会馆建筑等，那是湖南、湖北、江西、福建商人聚乡情、商盛举的场所。

古镇的街巷，呈蜘蛛网布局，弯弯曲曲，梯梯坎坎，形若迷宫。其中明朝民居一条街，即今天的老场街最具特色，据说这是由明朝年间一位彭姓的人组织自己的兄弟修建的。这条街当时有民居约50座，房屋以两层居多，下层为防火墙，上层为全木质建筑，有木质走廊和镂花窗棂。

恩阳古镇在历史上最辉煌的时候，有37条街巷，占地面积达2平方公里。市场经商已出现详细分类，如回龙场主要卖盐，据说有24家油盐店；后街子卖猪

↑ 姜市街街巷

↑ 下正街街巷

下正街街口

上正街街口

街巷

正街

上正街街巷石梯

下正街雕花木板门墙

上正街街口

肉；伞铺街卖干货雨伞；半边街卖蔬菜海鲜；起凤桥卖竹器、锅盆碗盏；田湾街是打铁的，自然卖的是铁器。现在还可以从街名窥探当年盛景，比如鸡神楼街，据说当年主要是经营恩阳印花布的。

恩阳古镇虽经多次人为和天灾毁损，但屡毁屡建，现存有上正街、下正街、姜市街、油房街、柴市街、回龙场街及新场街、老场街等，建筑科学，匠心独运。散落其中的万寿宫、禹王宫、龙母宫和川陕省仪阆、恩阳县委及县苏维埃旧址等仍彰显出昔日或雅致或富丽的色彩，构成古街巷的点睛之笔，是南来北往客商的重要交流活动场所，也是古镇人娱乐休闲之地。这些由移民所建的会馆建筑，是南方建筑艺术与巴山建筑艺术相结合的精品，门柱往往为整条石块打磨而成，雄浑大方，门两边狮踞龙盘，门楣雕刻各种传说人物，造型别致；封火山墙高耸，虎禽图腾飞扬，气派壮观。

至今，恩阳古镇里依然炊烟袅袅，人们的生活保留着原汁原味。

↓ 上正街错落有致的穿斗木建筑

街巷功能

在漫长的历史发展过程中，恩阳古镇逐渐形成了以街巷为中心的较为明确的功能分区，不同的街巷呈现出不同的功能。如以正街为中心的商贸区，诸多老茶馆、杂物铺、糕点铺、小吃铺等集中于此，客商来往，热闹非凡；以禹王宫街为中心，主要集中经营着作坊式的小手工制品，如农具、渔具等。在黄朝国收集整理的《古镇恩阳民谣》中，对古镇街巷的功能说得详尽细致、生动形象：

义阳山红梅阁名传久远，文昌阁犹如那宝殿金銮。

回龙街有二十四家盐店，后街子猪牛肉挂在两边。

伞铺街满摆着干货雨伞，禹王宫卖的是棉线土烟。

半边街专门卖蔬菜海鲜，鸡神楼摆土布上万成千。

起凤桥卖的是鸡鸭鱼蛋，河坝里猪牛市经纪操盘。

上正街卖竹器锅盆碗盏，下正街是

↑ 补锅匠人

↑ 小炉匠

↑ 篾匠

↑ 杂货铺

纸货花色齐全。

新市街卖绸缎官绅挑选，河坎街糖糕饼远销巴南。

桶市街水粪桶任你挑选，王爷庙米粮市贩子梭穿。

姜市街卖生姜四季不断，乌龟包鸽雉鸠野味美餐。

鱼市街售鱼鳖恩河特产，横街子柴和煤堆积如山。

黄桷树骡马市牛鸣羊咩，皂树街小百货样样齐全。

恩阳古镇主街由三条街道围合而成，即正街、姜市街、半边街，全长约800米，因商业功用不同而宽窄不一，均由青石板铺成。三条主街顺应地势呈环线相接，承担了古镇内主要的交通功能和商业功能。三圣宫是古镇主街上的中心，同时也是正街和姜市街的划分点。禹王宫处于古镇的制高点，是正街与半边街的划分点。禹王宫街、鸡神楼街、老场街及其他街巷，则是以三条主街发散延伸而成的。

正街

作为恩阳古镇最中心的主街，正街分上正街（意思是从正街往上走或上去）、正街、下正街（意思是从正街往下走或下去）。上正街是从起凤桥至正街一巷交会处，正街是由正街一巷交会处至正街与万寿街交会处，下正街是由万寿街交会处至禹王宫街交会处。街道宽度在5.2—6.3米，呈东西走向，地势中间高两端低，街道总长度约为400米，西与禹王宫街相接，东向码头延伸，北与万寿街垂直相交，南与正街一巷相连。整个街道较为开阔，多有巷子通向外部空间，功能复合性较强。街道建筑主要以民居和商铺为主，经营着餐饮、中药铺、小吃、茶馆、旅馆等多种业态，同时正街保存有大量的红色旧址，如大栈房、小栈房、苏维埃政府、苏维埃革命法庭等。正街街道建筑界面的主要材质为砖、木、石。临街面房屋形式多为一楼一底，同时有少量的二楼一底或三楼一底，以两进、三进院落为主，房屋构造采用悬山式青瓦屋面，房屋以出檐双挑和单挑居多。下正街94号临街门面雕刻有两种不同字体的团寿窗花，82号雕刻有

↑ 正街戏球少年

↑ 下正街错落有致的布局

↑ 下正街局部

“卍”字格廊栏，刀法古拙，风格粗放。

↑ 姜市街街道

↑ 姜市街玩耍的孩童

姜市街

姜市街街道呈南北走向。由于垂直于山脉伸长，故街道地势高差较大。街道两边低中间高，靠近正街一巷处坡度较缓，接近皂角树街坡度渐陡。街道宽度为3.7—4.0米，街长约120米。整个街道与多条巷道相接，北与正街一巷垂直相交，南与皂角树街相接，东与油坊街相通，西与老场街、鸡神楼街相通。街道建筑主要以民居为主，同时有卖生姜的商铺夹杂其中。三圣宫位于街道北向端头处。姜市街街道建筑界面的主要材质为木质和砖石，临街面多采用一楼一底的房屋形式，房屋构造以悬山式青瓦屋面为主，以出檐双挑居多。

半边街

半边街街道顺应山地走势，坡度较为平缓，街道宽度为4.4—4.6米，街长约60米，北与禹王宫街相连，南与田湾街相接。整条街道多以民居为主，同时有少量商业店铺，为场镇居民服务。半边街街道

↑ 半边街街道

建筑界面的主要材质为木质、砖石形式，临街面房多采用一楼一底形式，房屋构造为悬山式青瓦屋面，以出檐双挑居多。

里巷

作为古镇的次要道路，里巷在宽度上往往相对于街道较狭窄。在功能上，街道承担了场镇主要的商贸和交通功能，里巷则是解决了场镇居民的生产生活之需。同时，里巷打破了街道单一性的局限，将街道从多方向同主街串联，形成复合性空间。恩阳古镇巷道体系纷繁复杂，加之场镇内高差变化大，其巷道的形式和作

↓ 里巷

↑ 里巷

↑ 里巷石梯

用也各不相同。恩阳场镇素有“三街十八巷”之称，干道呈网络状相互连通，营造了“不走回头路”的游憩空间。

↑ 禹王宫街

禹王宫街

禹王宫街位于正街和半边街之间，与湖广会馆禹王宫紧密相连，巷道东西走向，呈东高西低走势，街道长约150米，宽度为2.8—3.0米。整个巷道与正街相接，南与半边街和铧厂街相交，东垂直于鸡神楼街。街道业态以手工业和民居为主，形成以经营农具、渔具等为特色的巷道。巷道街面的主要建筑材质以木质、砖石居多。临街面房屋多为一楼一底的形式，房屋构造以悬山式青瓦屋面为主，多采用出檐双挑形式。

↑ 禹王宫街商铺

老场街

作为场镇中一个主要的东西向巷道，老场街地势平坦，与姜市街功能相似，主要经营古镇布匹的生意，因而承担了更多的交通商贸功能，其巷宽达到了6.8米，巷道长约70米。老场街巷道东与姜市街相

↑ 老场街

↑ 姜市街

连，西与鸡神楼街相接，巷道功能多以商铺和手工业为主，在西北向端头有曾作为川陕省列宁模范学校旧址的建筑。老场街巷道建筑界面主要以砖石和木质为主，房屋形式多为一楼一底和两楼一底，房屋构造采用悬山式青瓦屋面，其挑廊式过街楼极具代表性，出挑多采用出檐双挑的形式。

↑ 万寿街

万寿街

万寿街位于恩阳古镇的主入口，地势开阔，北高南低，坡度较缓，巷道宽度为5.0—11.0米，由主入口向正街宽度逐渐缩小。万寿街可方便居民进出古镇，同时紧邻万寿宫，沿着南北向垂直于正街延伸。整个巷道作为主要的居民区，兼有少量商铺。万寿街的建筑界面以砖木为主，多采用一楼一底或单层住宅，房屋构造以悬山式青瓦屋面居多，为出檐双挑形式。

正街一巷、正街二巷

正街一巷（原王爷庙巷）和正街二巷（原万寿宫巷），位于上正街与正街交会处，是垂直于正街衍生出的南北向巷道。巷道的宽

↑ 正街一巷

↑ 正街二巷

度为1.8—2.5米，巷道长约80米。整个巷道较为封闭曲折，多以木质、砖石材质的民居住宅为主，临街面房屋采用一楼一底，构造多为悬山式。正街二巷围绕三圣宫延伸，并有位于三圣宫北面的过街楼这一独特的空间形式存在。

油坊街

油坊街是姜市街通向码头的主要巷道，高差较大，多以梯道相连接，巷道呈东西走向，宽度为1.6—2.5米，长约180米，东与码头相接，西垂直于姜市街延伸，南与皂角树街相通。巷道建筑多以民居为主，由于靠近码头地势起伏大，形成了以吊脚楼为特色的沿江巷道，丰富了场镇的建筑形制。油坊街的建筑界面主要以砖木为主，多采用一楼一底形式，房屋构造以悬山式青瓦屋面居多。

↓ 油坊街

街中的会馆堂口

曾坐落在恩阳古镇中的万寿宫、禹王宫（包括河东禹王宫和河西禹王宫两座）、天后宫、龙母宫、三圣宫等六个融庙宇宫殿于一体的会馆，是在清中期由祖籍江西、福建、湖广（今湖北、湖南）、广东等省迁徙到恩阳的客家人，按照他们的习俗各自修建的。这里寄托了他们思念家乡、怀念故土、眷恋祖先和亲人的情感，也是他们供奉乡土神灵、祭祀祖先、乡友聚会和乡土文化与信仰交流的场所。这些会馆从政治功能来说，有点儿像今天的驻外办事处；从社会功能来说，有点儿像今天的乡友联谊会；从经济功能来说，有点儿像今天的商会、行会。会馆的文化是多元的、五彩缤纷的，是古镇文化的亮点和精粹所在，也说明了多种文化在这里融合发展以及恩阳人的包容与开明。在光阴流逝和时代更迭中，这些会馆大多被拆毁，其形式与风采已无处寻觅，仅存的万寿宫、河东禹王宫也残破不堪。

万寿宫

万寿宫，清嘉庆年间（1796—1820）由江西客商筹资所建，是恩阳六会馆中建得最早、面积最大、气势最宏大的会馆。万寿宫因江西南昌人许逊得名。据传，东晋道士许逊，赋性聪颖，博通经史、天文、地理、医学、阴阳五行之学，尤其爱好道家修炼之术，活到136岁，于东晋宁康二年（374）八月初一合家42人一齐飞升成仙，世人尊奉他为“许仙”，兴建“许仙祠”以祀。南北朝时改

↑ 万寿宫前的黄桷树

“许仙祠”为“游帷观”。宋大中祥符三年（1010）真宗改“游帷观”为“玉隆宫”，政和六年（1116）宋徽宗诏令加“万寿”二字，成为“玉隆万寿宫”，并亲笔题写了牌匾，万寿宫因此得名。全国各地的江西会馆均称万寿宫。

↑ 万寿宫侧门

恩阳万寿宫建在正街背面，之字河南岸坡上，坐西向东，建筑面积1104平方米，占地2000余平方米。宫前有100余平方米青石院坝，有21级石梯直通起凤桥。石梯起步处两侧蹲放着一对雕刻精美、威武雄壮的大石狮。

万寿宫的屋顶形制为硬山式砖木结构，砖为定制式，凸显“万寿宫”字样，砖的长、宽、厚规格分别为8厘米、18厘米、28厘米，屋架形式为抬梁式。万寿宫空间布局由前至后为戏楼、中厅、正殿。同时，戏楼、中厅和正殿建筑将会馆空间进行二次划分，形成多个小空间。戏楼和正殿在会馆的中心点前后排列，划分为祭祀空间和娱乐空间，更突出了会馆作为大众娱乐和祭拜神灵的核心活动场所的特性，左右各三间厢房环绕戏楼和正殿两侧呈对称排列。万寿宫四面围绕高大的封火山墙。

前院大戏楼连建在大门前墙上，戏楼台面朝中厅，行人从戏楼下进出。中厅是由四组八根圆木柱撑起的拱形木架敞厅，与前院间隔长方形天井，天井两边靠山墙是坡状瓦面廊道。左廊道中段朝北开一小侧门，经廊道上三步石梯进入中厅，中厅前后贯通，两边设有固定长排木椅，是供乡人们议事、迎客、休息、看戏的地方。穿过中厅，过石板天井入正殿。正殿是由四根横排着的圆木柱与后墙支撑形成的抬梁式拱形大厅，大厅北侧山墙中段开有小门通往宫后大路。厅内靠后墙壁及两侧是神龛，正面龛上塑许逊真君和九皇大帝神像；两侧供的是福、禄、财神等。每年农历九月初一到初九是九皇帝君的斋戒日，江西籍人每年九月初一至初九要在万寿宫内举行隆重聚会，焚香放炮、拜神灵、祭先人，并设酒宴、唱大戏等活动，同时还邀请地方名流、绅士、商家和会馆客人观赏庆典，百姓可随意进入观看。万寿宫内常年住有道士和居士，负责日间香火、

↓ 万寿宫正门

卫生、安全和外来客人的造访与接待等。

1953年，当地政府将万寿宫资产划归恩阳粮站作粮食库房；1958年，在宫内办起了农具加工厂。几经沧桑，万寿宫前大门被拆除，石梯、石狮、石坝被毁，宫内神龛神像、戏楼等荡然无存。

禹王宫

禹王宫有河东禹王宫和河西禹王宫两座，清嘉庆年间湖广客商筹资修建，现存的是河西禹王宫。

河西禹王宫建在恩阳河西边，位于禹王宫街18号，在老场鸡神楼街、梅市街、米市巷交会处，坐北朝南，占地面积约3000平方米，建筑面积约1800平方米，会馆前巧妙地利用地势高差，构筑17步台阶通向戏楼。禹王宫平面布局是规整的合院形式，采用了常见的会馆建筑空间序列分布方式，建筑格局、形制与万寿宫基本相同，由前至后为戏楼、正厅、正殿，戏楼、正厅和正殿建筑将会馆空间进行二次划分，形成多个小空间。戏楼和正殿作为会馆的中心点前后排列，划分为娱乐空间和祭祀空间。左右各三间厢房环绕戏楼和正殿两侧呈对称分布。建筑形制为硬山式青瓦屋面，屋架为抬梁式结构，四面围绕封火山墙。

↑ 禹王宫正前石梯

河东禹王宫，是湖广籍人落户恩阳河东登科山的谢姓和古溪桥的邬姓家族在河西禹王宫建成后，又另行修建的。因河西禹王宫在落成庆典时连日几天暴雨，河水暴涨，住在河东的谢、邬两家族的人被洪水阻隔无法参加庆典盛会，只有望河兴叹。说也奇怪，第二年祭祀活动期间，又是几日暴雨，河水猛涨，两岸相望不能往来。谢、邬两家族人认为，自宫殿落成连续两年都出现河水猛涨的情况，是天意，是先祖之意，于是两族人在登科山西建了一座与河西禹王宫一样的坐东向西的禹王官。从此每年祭祀活动，东、西两座禹王宫同时举行，乡邻、客商可交替参加，随意出入。

↑ 禹王宫封火山墙

中华人民共和国成立初期，河东禹王宫划归粮站；1952年成立麻石乡政府时在内置政府机关；2010年恩阳中学扩建时被拆除。中华人民共和国成立初期，河西禹王宫也划归粮站；1965年扩建成织布厂；2008年企业改制时被政府购回。

天后宫

天后宫，又称福建会馆，是迁徙落户恩阳的福建籍人在清嘉庆年间筹资修建的。

天后宫坐落在回龙街七家巷与文昌阁之间的半山坡上，背靠文治山，坐西向东，是恩阳六座会馆中建筑面积最小的一座，面积为400余平方米，砖木悬山式坡台建筑，只有前院和后殿，没有中厅，殿宇周边比较空旷。天后宫供奉的主神是妈祖林妃。传说，林妃出生于农历三月二十六日，因此福建人把这一天作为祭祀活动日。

中华人民共和国成立初期，天后宫改建成了卫生院，1972年修建恩阳大桥时被拆除。

龙母宫

龙母宫，又称广东会馆，是迁徙落户恩阳的广东籍人在清嘉庆年间筹资修建的。

龙母宫建在恩阳河东岸，新场街南头、横渡码头坎上，坐北朝南，建筑面积800余平方米，为前院、中厅、后殿三进建筑格局，建筑风貌与万寿宫、禹王宫一样。供奉的主神是慧能大鉴禅师卢慧能。卢慧能被奉为佛教禅宗祖师，被唐中宗封为“大鉴神师”。广东客家人以其册封日农历十一月十三日为祭祀活动日。

中华人民共和国成立初，龙母宫划归恩阳粮站，2000年建宾馆和农贸市场时被拆除。

三圣宫

三圣宫，又称王爷庙。王爷庙原本是当地船帮供奉镇江王爷的小庙。随着商贸的繁荣和发展，来恩阳落户的长江中下游及沿海客籍人口增多，各类纷争也随之频繁出现，民间帮会便充当起维护商贸秩序、调解码头纷争的角色。清嘉庆年间，由本地袍哥会、船帮、盐帮筹集资金在原王爷庙的基础上扩建成调解商贸纠纷、管理三教九流和办公议事的堂口，主祀三国之蜀国的刘备、关羽、张飞。

三圣宫位于上正街与姜市街之间的龟头山前，恩阳河、之字河交汇的河岸上，坐西向东，建筑面积约850平方米，随坡地地势前低后高，建筑为硬山式合院形制，砖木结构。宫内分前后两部分，前部是戏楼，后部为正殿，上三步石梯是正殿神龛，中间是镇江王爷，左边为刘备、关羽、张飞，右边是福、禄、财神等塑像。神龛前，左右两侧各有一道小门通往两边的用房。宫殿正面没有开门，大门在临戏台处，分南北两边洞开，与正街、姜市街相通。三圣宫的祭祀活动日，是原庙主神镇江王爷的生日农历六月初六。这一天除在宫内举行祭祀礼拜、唱戏、酒宴等活动外，船帮还要在河边、码头燃放鞭炮、设坛、置放三牲、叩祭河神龙王，其热闹程度远胜恩阳其他会馆的祭祀场面。

中华人民共和国成立后，三圣宫成为川剧团的排练、表演场所，20世纪70年代因殿宇旧危，三圣宫被拆建成大礼堂兼电影放映场地。

↑ 三圣宫外景

↑ 三圣宫侧面

↑ 三圣宫旧墙砖上嵌刻着“三圣宫”

巧妙的排水系统

恩阳古镇山地层叠，古镇建筑整体顺应山势向外延伸，呈现逐渐降低的走势，这给古镇排水提供了优越的地势条件。恩阳古镇的排水系统主要有暗沟和明渠两种形式。街道巷里的地面采用青石铺设，路面横向两侧微斜，形成缓坡，雨水落到街面顺应坡度，通过地漏，汇集在街道两侧地下预设的暗沟，形成有规模的排水，从而使街道巷里所及之处看不到排水沟渠。古镇的另一种排水方式是明渠，明渠顺应街势，用青石板铺设在街巷的背后，较暗沟宽度更大，深度更深，排水量更大。

↓ 油坊街地面

码头与桥

码头

恩阳古镇地势起伏不平，陆地交通不便，在生产力不发达的古代，人们只能依靠水运方式解决交通运输的问题。码头作为进出场镇的重要口岸，又是地处山区相对闭塞的场镇内外信息交流的主要窗口，有着其不可替代的地位。

客运码头，在上正街和油坊街交接处（离起凤桥约20米），码头通过石步梯道作为古镇的上下连接方式，石梯由规则的青石条砌置，横向宽度为2.8—3.2米，自上而下逐渐变窄。

↓ 客运码头石梯

码头古道

码头古道

码头古道

货运码头

恩阳货运码头上的古道

码头题刻

码头题刻

↑ 码头的石雕

货运码头，位于皂角树街同回龙街的交会处，码头采用滨岸石质接地，形成自然延伸。码头临岸石阶利用自然岩石凿成，通向街区的道路由青石板规则铺设，外设石质护栏。临街口的石阶则分左右两道，方便上下运货分流行走。此处地势相对平坦开阔，便于船舶的停靠和货物的卸载。

历史上，恩阳河的水运上通旺苍、南江，下通重庆、上海，水上交通繁荣，素有“小上海”之美誉。大巴山的银耳、黑木耳、药材、皮毛、蚕丝、棉花、木材、煤焦、钢铁、小五金等，经恩阳运往重庆，重庆的工业品、海产品等，再经恩阳销往甘陕。

恩阳地处万山之中，崇山依峻岭，溪河连沟壑，山高而路险，谷深而水急，行路之难“难于上青天”。为了勾连两岸往来，古代的先民们遇水建桥，逢谷徒杠，以通两岸之往来。

起凤桥

起凤桥，位于之字河入恩阳河之口，为石结构平桥。始建于南宋，屡建屡圮。清代恩阳孝廉赖九皋募资复建，民国时期四川省民政厅恩阳人陈开泗拨资再建。桥长45米，桥西有引桥9.20米，桥距河面高2.60米，桥面宽2.60米，由长3—4米、宽1.30米、厚0.50—0.56米的巨石铺成。此桥有石桥礅12个。桥头自然石壁上刻有“民国三十二年三月谷旦”“第十一区行政督察专员□开□撰，陆军步兵少校赖以立书”（《重修起凤桥碑记》）。然而，不知何年何人在碑记石刻处凹錾“乘风破浪，力争上游”八字，使原碑记泯灭缺失不可辨认。今仅有“盖斯桥□年久远破碎”“今有同乡诸君子捐资募化”“酌滔称贺，勒石纪功”等语可识。此桥曾是恩阳曾家坝、匡家塆等处到古镇老街的必经之桥，至今仍在使用。

↑ 重修起凤桥碑记

↓ 起凤桥

↑ 起凤桥

↑ 起凤桥

恩阳大桥

恩阳大桥是巴仪路（唐巴公路巴中至仪陇段）重要的桥涵工程之一，位于恩阳镇新场与老场之间，全长317.5米，有大拱4个，每孔跨径40米；小拱6个，每孔跨径10米。桥面宽9米，车行道7米，人行道2米。建桥共用石料0.95万立方米、水泥500吨、河沙1.08万立方米，国家投资近100万元，于1970年4月动工，1972年5月1日通车，至今仍在使用。

↑ 恩阳大桥远眺

↓ 恩阳大桥

恩阳因驿成站，因商聚镇，水陆交通便利，行水路能南下襄渝荆楚，走旱路能北上汉中西安，是著名的水码头和货物集散地，聚集人口众多，茶馆文化发达，缕缕茶香与南来北往客商的神吹海聊，催生出许多动人传说，诞生了最优秀的川剧，进而恩阳成为川北“戏窝子”。小小一个茶馆，三教九流无所不包，犹如一个浓缩了的江湖。

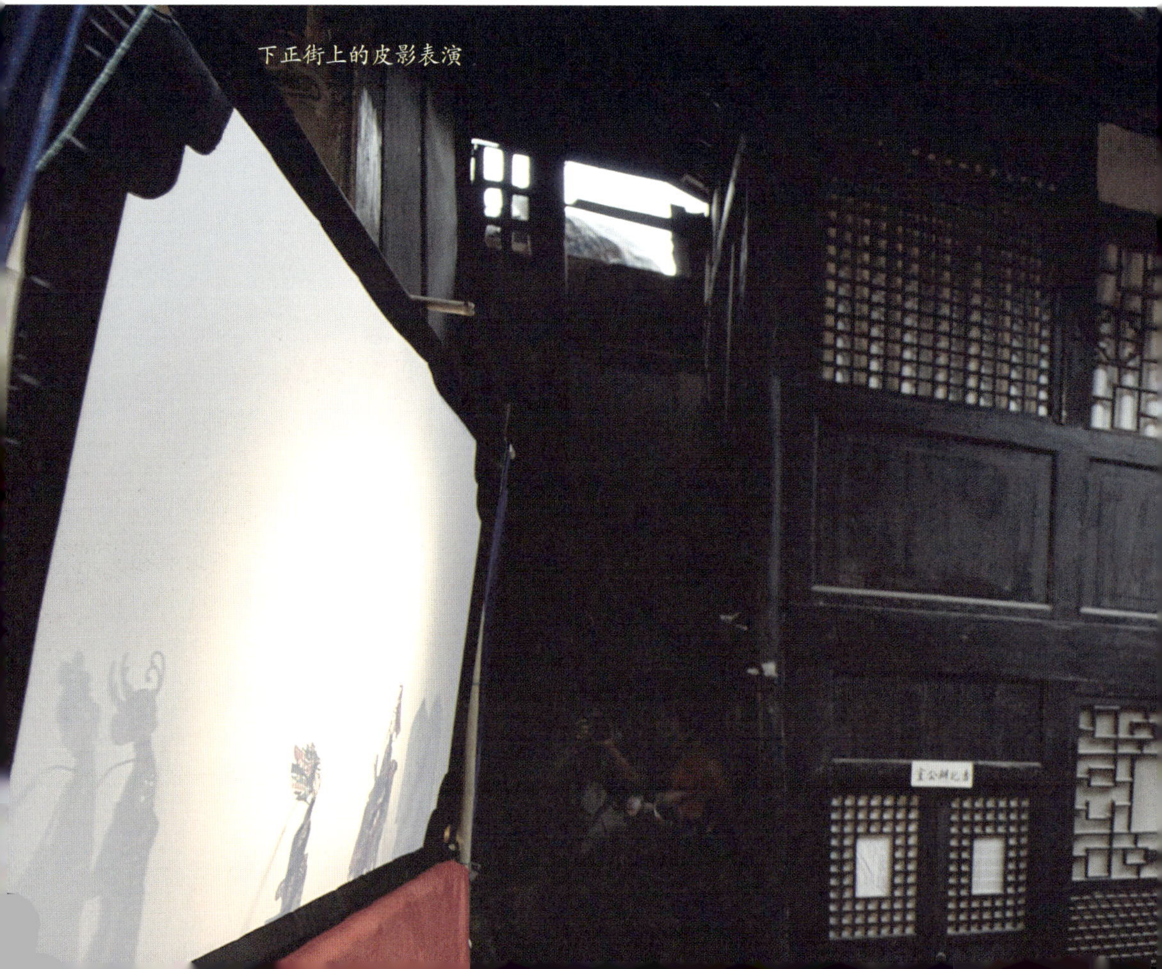

下正街上的皮影表演

水码头上的茶馆文化

奇特的茶馆

恩阳水陆交通便利，是著名的水码头和货物集散地，聚集人口众多，每天从早到晚，这里的人川流不息，形成“日有千人摆手，夜来万盏明灯”之景象，加之恩阳物产丰富，手工业发达，生姜、面粉、印花布、铸铁产品等销往川东北乃至全国。

据传，古镇上的人，几乎是一半在“经商”，一半在“搬运”。山区的河流水急滩陡，船工也是个危险职业，特别是拉船过滩的纤夫，更是艰辛，当地流传的船工号子就是生动写照：

肩搭葛巾跑江湖，哪洲哪县我不熟。好耍不过重庆府，买得进来卖得出。言归正传加把劲，前头就是琵琶滩。黄石盘水槽浅又窄哟，闯过去了就是楚王天。

这些用性命在水波漩涡中求生存的巴人汉子，也是走南闯北见识最广的。夜来，货到码头船到站，自然要去茶馆坐坐，泡上一杯极便宜的青茶，消解一天的疲劳，会会朋友，交流一天所得，还可一边品茶，一边听书、看戏。演川剧，讲圣谕，说书，还有长牌麻将，正是各茶馆招揽茶客的花式项目，后来也成为茶馆的经营模式。小小一个茶馆，三教九流无所不包，犹如一个浓缩了的江湖。因此，恩阳古镇最大的特色，除了那些街巷建筑外，就是充满山野的传奇故事、来往商客冲壳子式的天南地北信息，与当地民间文化互相影响，形成了不少民间艺术，两部大型本地川剧《蒲道官斩巴蛇》《挂印知县》就诞生在这个带有神秘色彩的摇篮里。

茶馆是一种文化，更是恩阳古镇人的一种生活，恩阳茶馆自然是解读恩阳人的一把钥匙。

小茶馆，大社会。这里会集神州五方之客，容留南来北往之风，茶馆的社会属性十分复杂，到此的人群没有高低贵贱之分，生意人在此可以谈生意；其他闲客人等，从国家大事到鸡毛蒜皮，有兴趣，不妨多说畅谈，无兴趣，闷头睡你的瞌睡。四川少阳光，巴蜀多雾岚，所谓“头上青天少，眼前茶馆多”。茶馆一般都很热闹，卖瓜子、卖花生、掏耳朵、擦皮鞋、搓麻将，百业千行都对茶馆情有独钟。据史料统计，分布在恩阳古镇的茶馆，全盛时多达75家，平均每条街都有两家，其中最有名气的有12家。有些茶馆是本地绅士与不同行业领头人所办，比如鸡神楼街

↓ 茶馆休闲

喝茶、打牌两相顾

打长牌

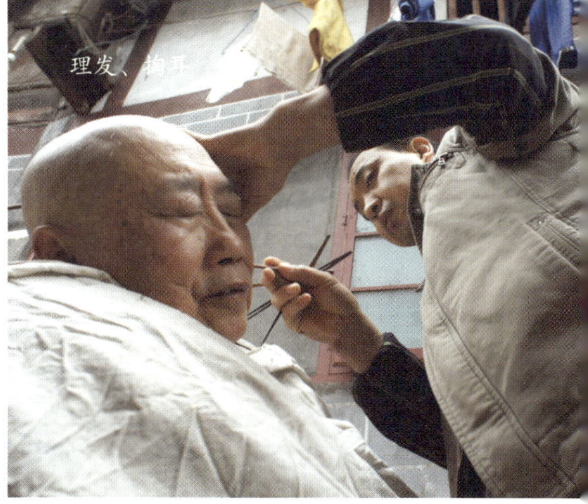

理发、掏耳

油坊街的露天茶馆

打骨牌

院内露天茶馆

下象棋

口的南洋茶社是外地一大姜客所开，从事生姜买卖的人通常进这家茶社。这样，约定俗成，各行各业的人各进各的茶馆。一些玩友班社也有自己习惯进的茶馆，比如，人字社坐镇财神庙的大众茶社；大义社坐镇河坎街的瑞华茶馆；逸韵社坐镇回龙场吉善茶社；新兴社坐镇新场的新兴茶社；文韵社坐镇后街子的润生茶馆；田湾街为打铁一条街，打铁人敬李老君，坐镇田湾街的三清茶社；聚声社坐镇河坎街的柳林茶社。当时的袍哥秘密组织哥老会兴盛，不少袍哥大爷自己开有茶馆，或不同的堂号也都有自己专属活动的茶馆，以此为据点，进行联络和集会，也给茶馆带来可观的客源。当时，袍哥作为一个秘密社会组织，照理应当选择比较隐秘的地方进行活动，但实际上恰恰相反，大多数袍哥把“码头”设在熙熙攘攘的茶馆里。为什么袍哥喜欢以茶馆为基地呢？第一，政府从来就没有能力对茶馆进行全面控制，即使制订了不少禁止袍哥的规则，也未能认真执行；第二，茶馆是袍哥聚会和社会交往最方便的地方；第三，只要袍哥不给当局惹麻烦，政府和警察实际上对袍哥的活动采取睁只眼闭只眼的态度；第四，虽然茶馆是公共场所，但热闹的气氛、三教九流的混杂可能更有利于秘密活动，在一个拥挤的茶馆里，袍哥的活动反而不大引人注意；第五，在公共空间与同党联系，如果事情暴露，也不容易使家人受到牵连。

恩阳茶馆一般都有讲圣谕、说书、唱小曲、打竹琴、演皮影和川北灯戏以及赌博性质的压红宝、掷骰子等，最多最常见也最驰名的则是玩友。当时这12个著名茶馆中每个茶馆都有各自不同特点的民间文艺表演。

讲圣谕

据说，明朝开国皇帝朱元璋亲自撰写“圣谕六言”，向百姓宣讲，封建统治者对老百姓的教化工作从此规范化、制度化。清承明制，康熙帝更加重视教化工作，亲颁“圣谕十六条”。

↑ 讲圣谕

所谓“讲圣谕”，就是讲解皇帝的旨意，实际上就是对“圣谕十六条”的解释，宣讲者经常把历史典故、神话故事以及日常生活中发生的故事用来解释圣谕中的道德准则，具有教化民众的特点。还有大多是讲圣人的故事，如“二十四孝”“昔孟母，择邻处”“寡妇西征与贞节牌坊”“岳母刺字”等，用民间伦理故事匡扶正义，巩固儒家五常（君臣、父子、夫妻、弟兄、朋友）的大厦。经过历朝历代的发展和传承，讲圣谕逐渐演变为各种说唱艺术和地方曲艺。

↑ 讲圣喻传承人向民众宣传孝道文化

后来，讲圣谕逐渐民间化。在中华人民共和国成立前，恩阳由民间艺人坐堂讲圣谕的不少。而更早一些时候，在一些小街小巷的街沿边上，就有圣谕先生搭台讲圣谕，并以讲圣谕为常业。富裕人家或因求亲人病愈，或因求功名、求利禄、求子、求寿、求旅途平安等，以许愿讲圣谕若干天来表示虔诚之心。讲圣谕，一般要讲三五个晚上，有时还长达十天半个月，然后又转移到另一处街巷上去讲。

听讲圣谕的人不出钱，他们多数是街坊上的老人和儿童。当时的百姓人家没有现在这样丰富的娱乐活动，听讲圣谕便成了一种民间娱乐项目。

皮影

皮影戏，又称“影子戏”或“灯影戏”，是一种以兽皮或纸板做成的人物剪影，在蜡烛或燃烧的酒精等光源的照射下用隔亮布进行表演，是中国汉族民间广为流传的傀儡戏之一。表演时，艺人们在白色幕布后面，一边用手操纵戏曲人物，一边用当地流行的曲调唱述故事，同时配以打击乐器和弦乐，有浓厚的乡土气息。恩阳皮影在文化娱乐和民俗祭祀活动中，伴随恩阳人走过了漫长的历史时光。在今天，仍是恩阳人，特别是农民唯一请得起的民间小剧团，演出的灯调唱腔是巴山地区地地道道

↑ 皮影表演

↑ 皮影表演

↑ 皮影表演后台

↑ 观看皮影表演

↑ 川剧坐唱

↑ 吹唢呐

↑ 打围鼓

的民间音乐，诸如《斩巴蛇》《牡丹灯》《四下河南》等地方戏都是巴中有历史可考的历史故事剧。

玩友

玩友即茶玩友，是川剧的一种演唱形式，现通常叫川剧坐唱。化装登台演唱叫唱戏；不化装，在茶馆泡一碗“三炮台”坐唱，叫茶玩友。两者的曲牌、乐器完全相同。玩友自建班社，中华人民共和国成立之初，恩阳的玩友班社的数量还远远超出绥定（今达州市）和顺庆（今南充市）。玩友的川剧坐唱，除了在茶馆进行外，还在年节、庙会、红白喜事之中进行。如白事中的唱“亲词”，坐夜唱孝戏，如果母亲去世则唱“目连救母”或“二十四孝”，父亲去世则唱“三祭江”等，红事则唱“黄金窖”。如有外地同行来拜访时则唱“古城会”“捧琴会客”等。平常演唱可不分内容，以起到休闲娱乐作用为目的。唱大幕戏时，就要把全本唱完为止。恩阳古镇的玩友班社，至今仍很活跃，现有一支由30多位青年男女组成的专业队，不仅唱玩友，还与时俱进地配有铜管乐队和锣鼓唢呐队，为各种民俗活动打闹场（相当于伴奏），十分热闹。他们平常在茶馆打玩友，节假日忙不过来，只好对邀请的茶馆按时间排轮次，巡回演唱。

打竹琴与唱小曲

中华人民共和国成立前，恩阳打竹琴以陈家珍最出名。唱小曲，用月琴和四弦琴伴奏，以古瞎子夫妻最出名。当茶馆贴出他们演唱的曲目招牌后，茶客都是争先恐后入座要茶。《十里坪》《月儿落西下》也是常唱节目。

↓ 唱小曲

川北灯戏

川北灯戏，又称“喜乐神”，是流行在川北一带历史悠久的民间歌舞小戏。每当农村收获季节，灯戏艺人在田头或院场点亮写有“五谷丰登”“人寿年丰”等字样的大红灯笼，打起锣鼓，拉起胡琴，演起滑稽逗趣、热闹非凡的灯戏来。农民们看见红灯高挂，便打起灯笼火把，从四面八方赶去看灯戏。竹枝词《看灯戏》云：“一堂歌舞一堂灯，灯有戏文戏有灯。庭前庭后灯弦调，满座捧腹妙趣生。”川北灯戏的内容，多取材于民间传说和劳动人民的生活，喜剧多，悲剧少，就是正戏、苦戏，也带有浓重的喜剧色彩；表演艺术贴近生活，无固定套式，综合巴渝舞、杂耍、猴戏、木偶、皮影、跳端公等形

↓ 川北灯戏演员候台

式，其音乐则源于川北民间小调、神歌、嫁歌、圣喻谣等，曲调朴实明快、优美动听。

↑ 川北灯戏表演

吃讲茶

恩阳人有句口头禅：“一张桌子四个角，说得脱来走得脱。”就是指的吃讲茶。旧社会，老百姓发生了争执，不愿意私了，也不愿意打官司，双方就找互相都信任的中间人到茶馆里评判是非，输理的一方开茶钱，茶馆便成了一个解决纠纷的地方。

↓ 川北灯戏表演

神秘的戏窝子

巴中人都晓得恩阳是个戏窝子。2017年的二月二文昌会，恩阳文治寨公园连演三天川剧，观众每场达数千人，盛况空前。如今娱乐多元化，人们追求快节奏、刺激的生活，戏剧普遍遇冷，然而恩阳人却还是那么热爱川剧，并献给川剧火一般的激情。

2016年5月，由恩阳新编的大型廉政川剧《挂印知县》作为四川唯一的地方戏走进了北京长安大剧院。《挂印知县》在巴中、恩阳预演时，轰动一时，城乡居民凡在家者，无不赶来看戏；三天预演结束后，仍有许多人等着买票，没有看到的，无不遗憾，耐心等待下次再

↓ 大型川剧《挂印知县》剧照

演。恩阳人对川戏的喜爱是自觉的，是发自内心的。每逢巴中城里有川剧演出，恩阳的戏迷就会包车赶去看戏，如同赶节会。

人聚财兴，是恩阳戏剧兴起的基石

一种文化现象的出现，它是有根由的，绝非一朝一夕之事。川东、川北这片广袤之地，名埠重镇不少，戏剧独在恩阳孕育生发，历经数个世纪，一直枝繁叶茂，今天仍能老树发芽，秀成一方风景，足显其生命力的强盛。

↑ 品茗赏戏乐陶陶

恩阳，离川东北的中心城市古巴州仅20公里，但它的发展并不逊色于古巴州，从来都是与古巴州并蒂双莲。由于发达的水运和驿站，恩阳在漫长的历史中自然发展成为川东北地区繁华一时的商贸重镇。盛时，常住人口上万，三五千名商人来来往往，大大小小商号150多家，盐店20多家，饮食店60多家，客栈、茶房、酒楼50多家，商号小贩200多家。“湖广填四川”时，大量移民来到恩阳谋生置业，恩阳成为移民重镇，一时会馆林立。会馆是以地缘关系为纽带的交流、祭祀、聚会的场所，由于演出活动也是祭祀活动的一部分，因此，在会馆中搭建戏楼，或在戏台旁修建庙宇就成为恩阳古镇中常见的建筑。

人口的聚集，场镇的繁荣，人们总要寻找心灵慰藉，建会馆、修戏楼，是恩阳这一移民之古镇聚心凝神之所；反过来，众多戏楼的建设，又为恩阳戏剧的兴起奠定了基础。

庙会兴盛，燃旺了恩阳戏剧之火

古镇恩阳不仅商贸兴盛，而且手工业发达，形成各类行业商会，如榨油业有华光会，打铁业有老君会，百货业有皮头会等。商会多注重节日礼俗，常举办各类祭祀活动，一年中几乎月月都有盛会，如正月龙灯会，二月文昌会，三月清明会，四月佛祖会等，而文昌会则是恩阳河规模最大的庙会。

二月初二这天，文昌菩萨塑像要乘坐八人抬的大轿，一路吹吹打打，出庙巡游，走遍恩阳河三场（老场、新场、回龙场）。民间社火（俗名地抬子）、龙灯、采莲船，数十套锣鼓随行。各条街口要扎高大的牌坊，文昌阁庙内念经，山门口戏楼唱戏。中午在文昌阁庙门口大坝广场设露天宴，点酒戏；晚上则燃放烟火与放河灯，

↓ 文治寨下的文昌阁

一时大街小巷人山人海。

恩阳河文昌阁坐落在文治寨下北侧，是一座临崖修建的梯级寺庙，建有神殿、亭阁、戏楼。神殿建在天然石龛内，供奉着高约丈余的坐身神像文昌帝君。相传，二月二为文昌帝君生日，因他是主管人间功名利禄的菩萨，人们在二月二日均要进香、参拜文昌帝君。

恩阳曾有八座戏楼，文昌会期间，这些戏楼均有川戏演出，也有木偶戏、皮影戏以及各路来的民间杂技魔术。除此之外，就是“社火”活动。社火，就是扎制戏台游行，相当于演出前的海报宣传。恩阳镇各街道、商业行会都争着“扎戏”。人们将大方桌翻面，用两根木杠四人相抬，桌上站立着化装的戏剧人物，一般为孩童扮演，此类社火为平台社火，一抬一出戏。还有一种高台社火，是在专门制作的人工抬行的平台上，架立高杆，杆顶套一铁环，下有踩脚杆，化装成剧中人的孩童站立在踩脚杆上，腰套在环内，手持道具表演一个戏剧动作，如“三打白骨精”等。这种高台社火根据表演人员多少来安排抬的人数，一般为八人或十六人抬行，左右两侧还有四人持四把高叉，夺去街面上的障碍物，以保护表演孩童的安全。

据说民国时候的恩阳庙会是全巴中乃至全四川规模最大、规格最高、场面最壮阔、内容最丰富的本土庙会，其会期长、人气旺、客流量大、土特百货齐、交易数量大，享誉秦巴、甘渝等地，是广泛吸引湖广、江南各地客商关注光临的盛会。

随着庙会越办越兴隆、规模越大、影响越广，远远近近赶庙会的人一年胜过一年，给恩阳的商贸物流、餐饮服务、文化娱乐的发展带来了更大的机遇。各地商家都逐渐把恩阳文昌会作为展示自己行业形象、宣传特色产品的舞台，千方百计吸引买家，并以帮会、商号的名义从外地请戏班等演唱团队前来助阵造势，各行业帮会年年攀比，岁岁竞争。恩阳的文昌会也从最初的一天延长到后来的一月有余。庙会期间，整个恩阳场镇内外鼓乐声、弹唱声响彻四面八方，大街小巷车水马龙，人流熙攘。

茶馆与班社，沸扬了恩阳戏剧的热度

恩阳茶馆遍布，以古镇最为集中，三十多条古街巷中就有七八十家茶馆，为当时川北场镇之冠。各行各业各进各的茶馆，或品茶听曲，或洽谈生意，或调解纠纷。在恩阳镇12个最著名茶馆中，每个茶馆都有各自不同特点的民间文艺表演，尤以玩友最为驰名。玩友自建班社，每个班社都有各自坐镇的茶馆进行演唱活动，一个班社相当于一支演出队。

恩阳人喜欢戏剧，历史久远，早在元明时期，恩阳皮影、端公戏和爨坛戏十分流行。清光绪年间，恩阳麻石垭有一陈姓人家，乃书香门第，家有三个儿子，长子陈登文和次子陈登典均是拔贡生员，唯独三子陈登翰，虽苦读四书五经颇有才学，但他不爱仕途，偏好川戏。他在学业有成之时，不听兄长劝阻，不顾家人反对，执意去拜通江县的川戏艺人熊某为师。他跟随戏班数年，苦练川剧生旦净末丑的表演和鼓板锣钵琴的演奏。学成之后，他回到恩阳，耗尽家资招募人才，购置戏装行头，组建了一个川戏班子，时常在恩阳及周边乡镇演出，深受乡民欢迎。陈登翰的川戏班子的成功演出，激发了恩阳川剧玩友创建班社的热情。文林园、同心园、仁义园三个川剧玩友班社就在几位玩友的各自努力下建立了起来，常年开展川剧坐唱。

1943年，邻县仪陇土门垭的戏班到恩阳演出，戏班在台上演戏，班主却爱好赌博，到恩阳戚家巷宝场上押宝，输得精光，倒欠赌场一大笔赌债，只得卖戏班箱子。镇上的“仁”“义”“礼”“智”四堂袍哥联合凑钱买下了这套川戏箱子，招募了一些流散艺人，组成大众音乐社，形成了一个职业剧团，在恩阳本土和周边县区演出。

在恩阳，川剧活动场所星罗棋布，逐渐兴起的川剧演唱班社遍及全镇。镇上的财神庙、王爷庙、张爷庙、文昌阁、三圣宫、万寿宫与恩阳河东西两座禹王宫内，都建有垂脊翘檐、斗拱架梁、藻井罩顶、彩绘浮雕的戏楼，给川剧和其他舞台艺术的表演提供了充足的场地。除路过古镇的外地戏班常来登台献艺之外，每逢过年过节，各种庙会和镇上各行业帮会庆典，还要请外地戏班来唱大戏。

自清代到民国，川北义泰班、南充庆泰班、西充祥泰班、合川群林科社、南部盐亭的震新科社、阆中罗度伦班、仪陇亦乐科社、渠县汪鹤龄班、王家场筱碧凤班、巴中畅叙科社等四十多个著名川剧班社常到恩阳演出，不少著名川剧艺人给镇上民众留下深刻的印象。每逢镇上大的庆典演出，各地乡民不分远近都要前去赶会看戏，台上锣鼓喧天，台下人山人海，热闹非凡。特别是二月间的文昌会，有时是两套箱子打“滚台”（两个戏班在同一戏台上轮流竞演），这个戏班结束，那个戏班就开始，这一方收场，那一方立即就摆场，这一方收锣，那一方马上就挂锣。两个戏班，比谁的演艺高、行头好、戏目多、锣鼓打得伸展（好），一个不让一个；台上越演越起劲，台下越看越高兴。虽是早春二月，春寒料峭，但台下还是有很多看戏的人被挤得大汗淋漓。

恩阳的川剧活动也辐射到了周边各乡镇。与恩阳毗邻的明扬、兴隆、司城、石城等乡的川剧爱好者都纷纷挂出了川剧玩友班社招牌。班社的壮大，使川剧演唱更普及，观众看戏更方便，人们喜爱川剧的氛围更加浓郁。

年年的龙舟赛，也成了川剧坐唱赛。如1946年的端午节，本是开展龙舟比赛，但一大早，恩阳川剧玩友班会逸韵社和大义社就到河边为龙舟赛助阵，一方在岸上搭起彩棚凉台，另一方在河里扎好龙舟彩船，双方摆开川剧锣鼓丝弦，展开折子戏坐唱，河里龙舟飞渡，河岸锣鼓激越，热闹非凡。

↓ 川剧坐唱

川剧团之兴衰演替

↑ 川剧玩友

恩阳的川剧，长期积淀，班底雄厚，戏迷广众。中华人民共和国成立后，1950年11月，中央人民政府政务院专门召开全国戏曲工作会议，发布恢复和发展戏曲事业的指示。巴中也立即召开全县戏曲艺人和爱好者（玩友）代表会议。随后，中共巴中县委宣传部部长郝谦将恩阳的大众音乐社调到了巴中，并入巴中戏曲改进会，1951年改为巴中县人民剧院，成为后来的巴中川剧团。

↑ 倾情演出

当时，恩阳第一任区长康秀生，将恩阳其余的中兴社、三清社、大义社、逸韵社等组织起来，成立了恩阳戏曲改进会，在王爷庙古戏楼正式演出。1952年，戏曲改进会由政府派去政治指导员，进行“三改”，1953年完成改人、改戏、改剧任务，报经巴中县人民政府核准，成为专业川剧团，定名为巴中县恩阳大众川剧社，1954年又改名为恩阳川剧团。恩阳川剧团成立后，排演了大量节目，深受百姓喜爱。据当年的戏迷回忆：恩阳川剧团的照明条件堪称一绝，由两盏亮晃晃的煤气灯将黑夜变成了白天。剧场在王爷庙，那里既不能遮风挡雨，也没有座位。下雨天，台下观众披蓑衣、戴斗笠、撑起油纸伞；三伏天，人们头顶大太阳，全神贯注地看戏，虽然汗水湿透衣裳，仍然看得或喜笑颜开，或泪流满面。剧团除常规每晚演出外，周一、周四、周日、逢场天（当场天，北方称为“赶集日”）加演早、午两场，可以想象那是什么盛况与景象。

恩阳川剧团造就了一大批优秀演员，并享誉全川。从1951年至1959年创作、改编、继承的剧目有数十个，如《斩巴蛇》《四下河南》两个本土故事剧稿都出自恩阳川剧团。恩阳川剧团还先后到川东北十余县巡回演出。1959年恩阳川剧团并入巴中县川剧团。

恩阳川剧团并入巴中县川剧团后，恩阳镇上的川剧民间演唱活动照常开展，虽然在20世纪六七十年代的“文革”时期曾经改唱京剧样板戏，但“文革”一结束，立即恢复了川剧演唱。中共十一届三中全会后，恩阳镇的川剧爱好者们又重整旗鼓，招兵买马，广纳贤才，在恩阳镇工人俱乐部、临江茶馆等地坚持川剧坐唱。1980年，恩阳镇上的川剧爱好者、在企事业的川剧团演员和一些流散艺人又组建起自负盈亏的恩阳川剧团，常年在镇内外各地演出，恩阳戏剧又春意盎然。至20世纪90年代末，随着录像、电影、电视节目更广泛地普及，观众逐渐离开戏剧班社，剧团解散。但仍有一批川剧爱好者以坐唱的方式坚守在古镇上，呵护着那枚“火星”，期待着恩阳戏剧再度花开满园春。

如今，人们经过改革开放四十年的现代文化潮汐的冲刷，从喧嚣、浮躁的日子洄游上岸时，传统文化的魅力又逐渐彰显。恩阳这川北戏窝子，还会一代代地传承下去，焕发新的光彩。

↑ 川剧表演

↑ 川剧表演

巴中古先民在巴文化气质上就是豪放的，在性格上属于进取型的，红军能在大巴山建立起繁盛强大的苏区，得到百姓的拥护，古镇上万人义无反顾地参加红军，正是因为巴人传承了祖先这种豪放进取的精神。当年红军在川陕苏区制定的“智勇坚守、排难创新、团结奋斗、不胜不休”的训词，与巴人气韵完全相融通，也成了今天巴人的奋斗精神，这种精神犹如指路明灯，仍旧照亮着这块土地，与土地上生活着的人们。

↓ 水码头上的红色革命遗存

古镇上的红色革命

苏维埃政权机构遗址

1932年冬，第二次国内革命战争时期，红四方面军从鄂豫皖西撤，经陕南进入四川通江县，随后经艰苦作战，在通江、南江、巴中、平昌等20余县创建起全国第二大苏区，拥有600多万人口、面积达4万多平方公里的川陕革命根据地，首府设在巴中。巴中、通江、南江和平昌四县当时有12万余人参加红军，有 4 万多人先后为革命牺牲。恩阳地处苏区中心，1933年6月，仪南战役后，在恩阳镇建起了恩阳县及苏维埃政府，开展了“打土豪、分田地”的斗争，一场浩浩荡荡的红色革命在古镇水码头上轰轰烈烈地迅疾燃烧起来。

在反军阀田颂尧“三路围剿”胜利后，红四方面军前线指挥

↓ 下正街苏维埃组织机构遗址

部设于恩阳镇，中国工农红军总政委张国焘，红四方面军总指挥徐向前、政委陈昌浩，川陕省工农民主政府财政委员会主席郑义斋，红九军军长何畏、副军长许世友等均住在恩阳镇戏楼上，并在这里制订了几次重大战役作战计划，建立起红军敢死队、妇女独立营、红军特工队以及红军被服厂、列宁高小和医院。两年时间，在古镇设立各类政权组织机构13处，召开了苏区经济工作会和苏区红军家属代表会。恩阳人民从政治上、经济上翻身得解放，恩阳的经济、文化、教育都得到空前发展，特别是农业，连续两年获得了大丰收。当时恩阳县境18万人口中，就有3万多名恩阳儿女参加了红军，随后西进北上，南征北战，大多数为共和国捐躯。中华人民共和国成立后，有五位被授予中国人民解放军将军军衔，近百名担任中高级军事指挥员。从这里，走出了妇孺皆知的张思德、忠昭日月的烈士罗荣昌等那个时代的英雄人物。

↑ 下正街红军标语及苏维埃政权机构遗址

1935年3月，红军北上抗日，苏维埃政府撤离。恩阳县委、县苏维埃政府，随川陕省委、省苏维埃政府的撤离而撤销。川陕苏区虽然只存在了两年多时间，但红军用枪杆子去实现劳苦大众的理想，把披蓑衣、戴斗笠、打赤脚人的愿望完完全全变成现实。红军为国家、为民族去争取实现光明的坚定信念，为争取建立苏维埃中国，不惜牺牲自己生命的无畏勇气，那些沸腾的热血和激越的生命，永远渗进了这块土地，再一次熔铸成大巴山人的忠勇、无畏、大义的性格气质，影响着今天和未来。

↑ 水码头上的红色革命遗址

↑ 苏维埃组织机构遗址

石刻标语遗存

巴中古先民在巴文化气质上就是豪放的，在性格上属于进攻型的，最初巴人助武王灭纣在阵前跳巴渝舞使纣兵倒戈，就是这种勇武精神的感召；红军能在大巴山建立起那么繁盛强大的苏区，得到百姓拥护，古镇那么多人义无反顾地参加红军，正是因为巴人传承了祖先这种豪放进取的精神。当年红军在川陕苏区制定的“智勇坚守、排难创新、团结奋斗、不胜不休”的训词，是与巴人气韵完全相融通的，也成了今天巴人的奋斗精神，这种精神犹如指路明灯，仍旧照亮着这块土地，与土地上生活着的人们。

红军在不到三年的时间中，为古镇留下了大量红色文化遗址以及血染文物，还有大量的石刻标语、石碑。如今，在上正街和下正街长约400米的街道上，共有中国共产党原川陕省仪阆县委、恩阳县委、恩阳财政委员会、法庭、红军经理处等各类遗址13处；老场正街有石刻标语4幅；姜市街有石刻标语5幅；大石坎街有石刻标语3幅。

↑ 文治寨红军石刻标语

↑ 文治寨红军石刻标语

↑ 恩阳古镇红军石刻标语（位于大石坎街墙上）

↑ 恩阳古镇红军石刻标语（位于文治寨内）

红色人物

烈士张思德

1933年，红军解放了张思德的家乡仪陇县，他被保送到恩阳文昌宫列宁高小读书，毕业后，参加红军，被川陕省苏维埃政府保卫局选为警卫战士。1940年，张思德同志调到中共中央警卫团当战士，后任班长，专门为毛主席送信及书报。他在延安大生产运动中，负责上山烧炭，在一次烧炭活动中为保护战友而不幸牺牲。毛主席为追悼张思德同志，写下了千古名篇《为人民服务》。

↑ 张思德就读的列宁模范学校旧址标牌

↑ 张思德就读的列宁模范学校旧址简介

↑ 张思德就读的列宁模范学校旧址石墙标语

烈士罗荣昌

罗荣昌，恩阳镇柏林湾村人，1933年6月参加红军，后任恩阳保卫局局长，由于工作出色，很快提升为独立营营长、团长。后因抽调军队干部支援地方，罗荣昌被派到恩阳苏维埃革命法庭任主席。1934年2月，罗荣昌在乡下搞调查，国民党第29军从仪陇攻击恩阳，上级派人送信叫罗荣昌火速撤往通江。罗荣昌赶到双桥河时，国民党第29军已占据交通要道口和恩阳镇，罗荣昌果断命令其他同志涉水过河追赶红军大部队，自己留下侦察敌情。当晚他在农民张跛子家休息时，由于叛徒告密，不幸被捕。第二天即被敌人押赴刑场，到了刑场，他毫无惧色，跳上石台子，凛然向群众宣讲：“乡亲们，红军是杀不完的，红军一定会回来的！”并转身向敌人怒斥：“你们这些反动派，总有一天会被消灭！”没等他把话说完，几个刽子手猛地向前将罗荣昌按倒在地，明晃晃的尖刀刺进他的胸部，残忍的刽子手抓出血淋淋的肝脏，用卵石塞满罗荣昌的腹腔！更为丧心病狂的是，那些刽子手竟把他的肝脏炒着吃了！在场的群众无不为之掩面哭泣，无不为罗荣昌的慷慨无畏所震撼。当日夜晚，乡人冒着生命危险偷偷收殓了罗荣昌的遗体，藏匿在新桥河的一岩洞里，后安葬在他的家乡。

106名女红军

通（江）、南（江）、巴（中）各地建立苏维埃政权后，为了巩固根据地，维持社会治安，在建立地方武装组织的同时，组建了妇女独立营。20岁左右的妇女，剪去长发，头戴八角帽，身着灰军装，腰间扎皮带，脚杆缠绑腿，脚板穿草鞋，身挂一把马刀，很是威武。她们的任务是：维护社会治安，抬担架、搞运输、支援前线，配合红军作战。在军事训练上，开始是学队列；反“三路围攻”前后，主要是练投弹、射击、刺杀等。妇女武装组织的干部，多由川陕省妇女学校和彭杨军事学校培训的学员担任。1933年12月，恩阳县迅速组建了妇女独立营。1934年农历正月初一，恩阳

↑ 巴山女红军

妇女独立营派老观场一妇女独立连106人，奉命开往正直，配合主力红军作战。路过雪山马蹄滩时，进入敌人埋伏圈，她们英勇厮杀到最后一个人，106名女战士全部壮烈牺牲，鲜血染红了马蹄滩。至今人们还把这个河滩叫“烈血滩”。

书写赤化全川标语的张老师

张老师，其名不详，恩阳小学教师，中国最大、声誉最高的红军石刻标语“赤化全川”就是他写的。1932年至1935年，在川陕革命根据地，红军共留下大小石刻标语15000余条，至今仍保存

↑ “赤化全川”石刻标语

着4000余条，成为全国绝无仅有的一道红色风景线。据悉，巴中的红军文物占四川全省的60%，最具代表性的就是石刻标语“赤化全川”。

1934年春，红四方面军总政治部錾字队来到景家塬，原准备在石壁上刻一条“国民党是帝国主义的走狗”的石刻标语，当在石壁右侧刻好前两个字时，中共川陕省委宣传部部长刘瑞龙到此巡察，认为此标语字数太多，镌刻在崖壁上显示不出气势，便把标语内容改为“赤化全川”。于是，錾字队又重新搭架，请巴中恩阳河一位张姓小学教员书写“赤化全川”，并由二十多名石匠刻了四十多天，每个字都刻得非常深，字刻好后，再涂上白色的石灰水，使之更加醒目，“赤化全川”四个大字终于傲然屹立于天地之间。

1935年红军北上以后，当地恶霸地主闫升平、闫际风等人以12石小麦为赏，欲将“赤化全川”四个大字铲去。当地群众为保护红军石刻标语，组织人员趁夜间搭架，用糯米加炭灰和泥浆将四个大字的笔画填平，最后告诉恶霸地主“已将四字处理”，才使这幅全国最大的红军石刻标语保存下来。

中华人民共和国成立后，当地群众将填在笔画中的炭灰和泥浆清理出来，使得“赤化全川”四个大字重见天日，历经八十余年至今，“赤化全川”四字一如当年，数十里外清晰可见。

红色歌谣

歌谣作为一种特殊的民间话语形式，是传播、传承、弘扬传统文化和地域文化的一个重要信息载体，具有情感宣泄、愿望表达、社会教化、凝结力量等功能。川陕苏区曾经产生大量惊天动地、气贯长虹、富有地方特色的红色歌谣。作为民间口头文学样式，红色歌谣具有巴山古老的民歌特点，生动地记录了那一段光耀史册的巨大社会变革，率真地讴歌了民众对中国共产党和苏维埃政府的热爱之情，密切配合了当时的武装斗争和苏区建设。这些歌谣是革命的思想内容与耳熟能详的民间歌谣形式的完美结合，鲜明地反映了当时的社会政治面貌和民众对现实生活的评价与批判。

诉苦谣

什么苦，黄连苦，黄连没有穷人苦。
打下粮，没饭吃，修下房，没屋住。
种下棉花没衣服，养下娃娃没裤裤。
这苦水，向谁吐？眼泪只有吞下肚。

红军来到恩阳河

红军来到恩阳河，喜得一夜睡不着。
窗子戳个小窟窿，月出望到月亮落。

要把白匪消灭光

老子本性生得犟，家住恩阳河边上。
是死是活跟红军，要把白匪消灭光。

快快建立苏维埃

要吃米，把秧栽，要过河，把船摆，
穷人要想得自在，快快建立苏维埃。

大路不走长青苔

大路不走长青苔，山歌不唱不开怀。
不干革命难翻身，不打刘湘头难抬。

土豪劣绅莫疯狂

土豪劣绅莫疯狂，总有一天要灭亡。
只要红军一回来，老子给你算总账。

革命就要不怕死

恩阳河水清又清，妹送情哥当红军。
革命就要不怕死，杀了脑壳不怕疼。

要当红军不怕杀

要吃辣子不怕辣，要当红军不怕杀。
刀子靠在颈项上，脑壳掉了是个疤。

打双草鞋送红军

打双草鞋送红军，根根谷草穷人心。
穿上登山山让路，穿上踩水水不沾。

山老鸦，嘎嘎嘎

山老鸦，嘎嘎嘎，
白军死在烂田坝，
谁去埋，没有埋，
狗肚子是你的好棺材。
呸，谁叫你窜到苏区来，
刀枪棍棒一齐挨，
打死你在烂田坝，
山老鸦把你臭肉啄。
嘎！嘎！嘎！

↓ 恩阳古镇红军石刻标语

恩阳，四季山清水秀，常年蓝天白云，雨后云雾缭绕，终日鸟语花香，大自然的馈赠最为丰富，除白米、细面、蔬菜、瓜果外，不乏山珍河鲜。恩阳人又心灵手巧，善于创造美的生活，美的意境，千百年来，不少独到的特产、手工技艺和风味小吃，至今名扬四方。

↓ 良田沃土

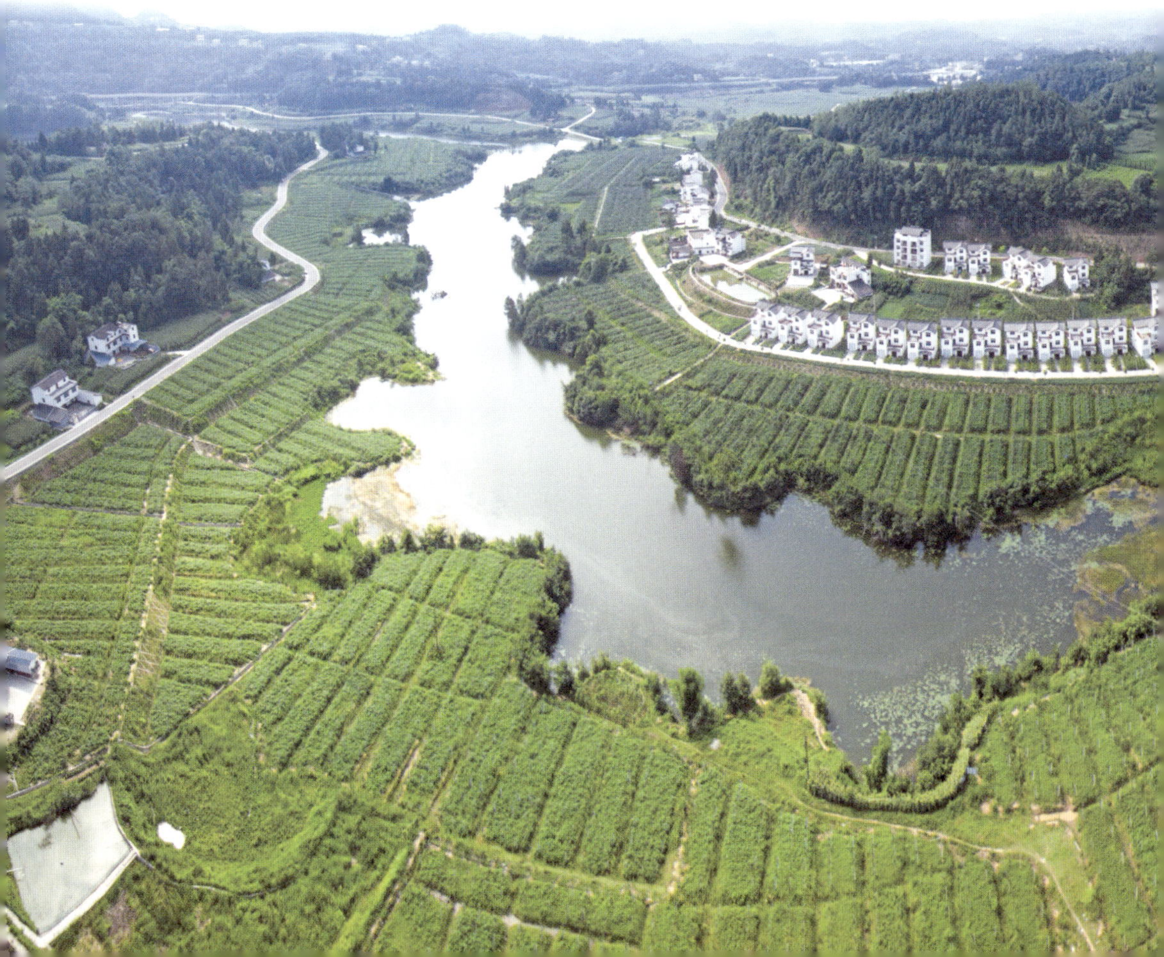

风物特产与技艺

良田沃土物产多

恩阳境主要属米仓山南麓丘陵地貌，处于巴中境内低山长梁高丘地貌向平缓坡台状丘陵地貌过渡地带。恩阳河的河漫滩和阶地零星分布在新生代第四纪更新统（老冲积）和全新统（新冲积）地层。土壤属巴中中部、西南部丘陵黄红紫泥土区，以白垩纪母岩发育而来的黄红紫泥土居多。恩阳属浅丘地貌，平均海拔310米，地势平坦，属亚热带季风气候，年平均气温为17.4摄氏度，年均日照2478小时，降水充沛，年降水量1100—2200毫米，秋季多雨，冬季多雾，无霜期275天，霜、雪较少，适宜多种农作物生长，特别是油菜、小麦、水稻等，是巴中粮油主产区。

↓ 良田沃土

绿色蔬菜

恩阳有种植绿色蔬菜的悠久历史，传统菜蔬有生姜、芹菜、芜菁、圆白菜等，畅销川北城镇市场。目前，规模化生产的芦笋、胡萝卜、生姜、四季豆、无籽水果型黄瓜、莲藕、花菜、芹菜、瓜类等无公害蔬菜，在巴中市、县、区各大蔬菜市场、超市占有较大的份额，特别是生姜，远销甘肃省、新疆维吾尔自治区等地。

芦笋

恩阳种植芦笋的时间较早，自20世纪90年代开始大面积试种，现已成为农民脱贫致富的优势产业。

芦笋又名石刁柏，为天门冬科天门冬属（芦笋属）多年生草本植物，嫩苗可供蔬食，是春天的一个时令蔬菜。芦笋近年成为高档营养保健蔬菜，列世界“十大名菜”之一，富含多种氨基酸、蛋白质和维生素，含有大量能有效控制癌细胞生长的物质，具有调节机体代谢、排毒利尿、提高机体免疫力的功效，对癌症、高血压、心脏病等具有良好的预防与保健作用。

生姜

恩阳种植生姜的历史久远，民国《巴中县志》将恩阳生姜同巴中的丝绸、药材、木材等并列为输出商品。恩阳古镇，至今还有保存完好的长176米专用于生姜交易的姜市街。过去主要通过恩阳河水运将生姜销往重庆、上海等地，现在已通过空运等销往新疆维吾尔自治区、甘肃、辽宁、河北、重庆、贵阳等省市。

瓜类

芹菜

莲藕

芦笋

芦笋园

红甘蔗

生姜

生姜苗

生姜富含氨基酸，性温，辛香味美，是人们用于菜肴调味的必需品，并有发汗解表、和胃止呕、宣肺化痰、温阳祛寒之药效，也是加工咸菜的主要原料，是天然的绿色保健食品，生姜种植现亦是恩阳脱贫致富的优势产业。

红甘蔗

恩阳种甘蔗始于清代，以由广东移民带来的果蔗品种为主，民国九年又从内江引入糖蔗。

恩阳浅丘台地多，向阳背风，土壤肥沃，通透性好，适宜红甘蔗生长。恩阳蔗农经过数百年选育出一种株形矮胖、清甜醇香、汁多脆泡（泡，方言，“酥”的意思），俗称“节节脆”“甜到底”的红甘蔗，久负盛名，成为恩阳名特产品。场镇周边的赵台坝、小观坝、麻石垭、杨店梁等地成片栽植上千亩，所产红甘蔗于秋冬由商船远销重庆、合川。因为外形美观，颜色红亮，味又极甜，富有喜庆、生活如蜜的寓意，红甘蔗成为新年馈赠亲朋好友之佳品。并就地开办了糖厂，榨汁熬制红糖，用此红糖做的另一种本地特产“提糖麻饼”成为“驰名点心”。蔗渣浸泡后制成的纸，可作书写纸用。红糖、火（土）纸除在本地销售外，还运往南江、旺苍、汉中等地销售，十分畅销。

川明参

巴中的川明参，系伞形科草本植物，俗称沙参，疗效与保健功能与野生人参相似，是秦岭大巴山南麓特有气候条件下多年生独特的绿色植物。川明参既是中药材，又是营养保健品，曾是古代宫廷御用贡品，具有安胃养胃、润肠解毒、清利肺热、益肝明目、强筋补血等功效，内含多种氨基酸、糖、钙、多种维生素和多种微量元素，营养丰富，具有质嫩、粉足、汤鲜等特点。其药用价值已载入《全国中草药汇编》（人民卫生出版社，1975年版）及《四川中草药大型文献》（四川人民出版社，1971年版），大多用于健身补品和食用配料，老少皆宜。巴中川明参又主要分布在恩阳，有三百余年栽培历史，产品远销北京、上海、成都、重庆、广州、深圳等全国二十多个大中城市。

↑ 川明参园

↓ 川明参

聪明灵秀手艺巧

恩阳河流域溪沟纵横，慈竹、金竹、水竹等竹类资源丰富。生性聪颖的恩阳人便砍河边的慈竹或水竹，用“寸篾子”（左手拿篾条，右手拿刀，一起二，左手与刀距离在一寸左右，故名。）和“三手一弓”（不用刀，篾条头开小口，左手无名指和中指夹一片，示指和拇指夹一片，形成弓形向下拉。）的方法将竹子划成小块，开出极薄的篾条编织席子。据传说，开始编席子，始终收不了边，敞边竹席既不耐用，又不安全，篾工就焚香祭拜鲁班讨教收边之事。当篾工跪拜之后，一道斜光直射席面，并反光生辉，篾工对此反复琢磨，百思不得其解。后来，终于有

↓ 编竹席

一位姓韩的篾工悟出了“斜交”和“反交”的道理，从中间“斜交”向四角编织，当形成长方形的席片时，再用“反交”锁边，这样一来，果然织成了。竹席织法就这样代代相传，直至今天。

↑ 剖竹丝

恩阳竹席，长方形，有适应床铺大小的各种尺寸。竹席柔软似布，光滑如革，夏天卧其上，凉意助人入睡。特别是用黑竹篾片可提花编织多种图案，如花团锦簇、喜鹊闹梅、二龙抢宝、滚龙抱柱、满天金星、金鸡独立等，并配以万字格花边，非常美观，不仅是睡具，更是艺术珍品。恩阳竹席之所以精美绝伦，主要取决于它高超的编艺与精巧的篾片。其编织过程，有几十道工序，道道精细，十分严格。概括起来，要过五关，即选竹关、划篾关、蒸篾关、发汗关、编织关。竹料要选在黄泥土、正对风口并向阳环境中生长的二至三年的慈竹和一年的水竹；划篾，要刀快，手稳，力匀，并用特制的匀刀，将篾片划成宽窄厚薄一样的篾条；蒸篾，要将划好的篾条卷成直径为30—60厘米的圆圈放入蒸笼中蒸2—3小时，增强柔性和韧性；发汗，是在屋中挖一个长、宽、高

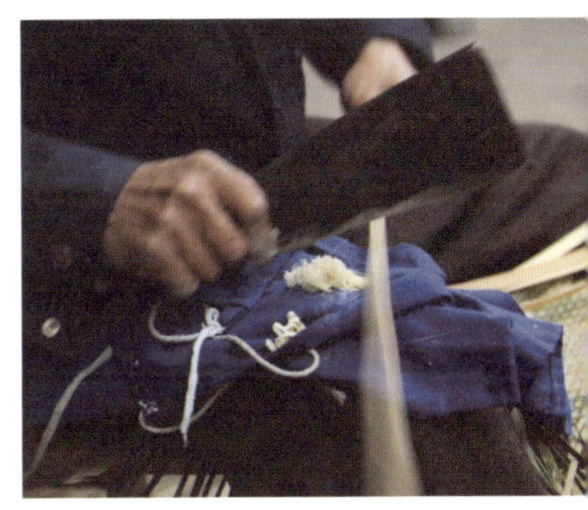
↑ 刮竹篾

↑ 编竹筛

均为两米的坑，把蒸好的篾条圈放进去，盖上土，半个月后取出，使其排毒素，保清香。20世纪60年代，恩阳竹席在广州交易会上崭露头角，备受商家青睐，从此恩阳竹席畅销国内外，现在各地客商来恩阳订购竹席每年超过20万件。目前，恩阳竹席已形成专业编织、专业基地、专业市场、专业服务“四专”一条龙的生产格局。

印花布

恩阳古镇禹王宫左侧有条名叫“机神楼”的小巷，现被误写成鸡神楼，因巷口有一机神楼而得名。以前，机神楼供奉着名叫褚载的机神菩萨、黄道婆和梅葛二仙。根据传说，褚载和黄道婆是纺织的创始人，而梅、葛二人则是印染的发明家。恩阳古镇的机神楼正是恩阳纺织、印染业发展的历史见证。

恩阳民间印花布制作技艺源于秦汉，兴盛于民国时期，不仅具有很高的审美价值，也是劳动人民智慧的结晶。

恩阳曾盛产苎麻和草棉。苎麻，是纺麻线、织麻布的主要原料；草棉，是纺织棉布的主要原料。

将苎麻采回剥皮，用清水浸泡数日，待麻皮与表层可剥离时，即用麻刀刮去表层，淘洗干净，成为白色纤维，晒干、露白，用纺车纺成线，名曰“麻线”。此线根据用途需要可粗可细，粗者织成包装、蚊帐麻布，细者织成夏布。用夏布制作的衣服是人类较早的布衣。

将草棉的棉花采回晒干，用人力、畜力或水力带动的轧花机脱去棉籽制为棉花纤维，俗称“皮棉”。将皮棉用弹弓弹泡后，用小木板搓卷成粗细不等的棉条，用纺车纺成棉线，即可用此织成粗细不等的棉布。

民国初年，恩阳周烈山、周永寿等人，将木制32头人力纺车制作技术从外地带回恩阳。从此，这种比手纺车提高工效32倍的人力纺车进入家家户户，在民间还成为姑娘出嫁时的重要嫁妆。这种机器的普及，使恩阳镇成为当时川东北较大的棉花、线子市场，陕南的棉花都集中到恩阳进行纺织。

织布　将棉线蒸煮刮取后，晾干，选一平地打桩或立竹竿（古人称经具）牵线，将上千根经线梳理，按一天一地将经线从经眼板（竹做）中通过，将从经眼板中和间缝中通过的经线拴绞，民间又称综线（古人称过掌扇），然后将拴绞过综的经线整齐地卷入织机的经线滚筒（民间称羊角）上机进行编织。最早的腰机织窄布则不拴绞过综，手提经眼板，上下变化经线进行过纬编织，民间打腰带

↓ 印花布制作技艺

↑ 裁剪

↑ 缝制

均系此种编织方法。恩阳古镇流行的织机为木架结构的较大型人力家庭织机，男女均可操作，分丢梭与拉梭两种。在恩阳古镇，织机与纺车一样，家家具备，人们白天经商做生意，夜晚点桐油灯织布。布的宽窄与经线头数的多少有关，而经线头数的多少又与织机上竹筘齿数有关，恩阳用的织机齿数较多，达6000个左右，织出的布较宽，称宽白布，达2.2尺。

染布　古人把这道工序称为“彰施”。恩阳古镇的印染业以染毛蓝、双蓝和印花布为主。其染料取于一种名叫茶蓝的草本植物，将茶蓝投入池中加水、生石灰浸泡数日后，沉淀于池底，取出加稻草灰投入大木缸中搅拌均匀，之后即可进行染布。大石坎街是恩阳古镇最早开发成染布的街区，在这条街上有徐长安、陈开彦、赵天贞、赵天卓等大染坊五家，尤以徐长安开办由徐昌吉操作印染的徐家大染坊有名。染缸为木板制作，直径达2.5米，高达3米以上，染布时搭木梯上去，一天染三缸，每染一缸约三个小时。染布的关键是看水，水看不好，染出的布是花的。染一水者为毛蓝；染两水者为双蓝。毛蓝和双蓝又称乡布，这种布不再下酸缸浸泡。染过的布从染缸中捞起滤水后送到晾场晾晒。

晾晒场，是将十多米的树桩成排地栽入泥土中，上面系上横杆，晾布时将叠好的湿布用顶竿（斑竹）送上高杆顶上的横杆，让其自然吊落下来。要使九丈六尺长的一匹布很准确地从正中吊落下来，两个半截不长不短，刚刚对等，这是一招很有观赏价值的绝活，操作时十分精彩。晾干的布取下来后叠成多层，用石碾碾伸至平。

在恩阳印染业中，最具特色的莫过于印花布了。首先是制印花的花板，将花纹绘画在牛皮纸上，再用桐油熬制的明油浸泡，干后进行雕花；将白布铺平，把花板铺在布上面，再用石灰、豆腐捏匀发汗后的粉末浆，用铲刀刮在花板上，后取下花板，原白布上就留下了粉末浆花纹。晾干后，小心地将花纹白布伸展地慢慢投进缸里的染水中，行业用语名曰“提水”，让其浸泡数小时后，粉末浆覆盖部分上不了色，便留下了白布的本色，成了蓝底白花布，这就是民间的印花布。为了让印花布里（里子）、面（面子）颜色深浅度不同，提水时，将印好花的整匹布从正中倒转重合进行，很自然地印好花纹的面朝外、里子在内，里子两面相合，染水进入较少，颜色自然比面子的色浅。

↑ 服装

印花布色调清新明快，图案淳朴典雅，耐磨耐脏，透气吸汗，深受人们欢迎。恩阳的印花布十分出名，上销陕西汉中，下销南充、重庆。人们根据印花布的不同用途选择不同的图案雕制花板，如有“龙凤呈祥”“天官赐福”“招财进宝”等多种花纹图案。印花布也因不同图案所承载的不同寓意，被制成衣衫、被套、床单等日常用品。

在纺织印染现代化的今天，印花布已是历史了，但作为一种重要的文化载体，它印证了恩阳文化的发展脉络和时代变迁。

古老的木油榨

旧时，恩阳古镇的榨油业非常发达，榨油坊的建设规模也较大。

榨油的工序为炒籽、碾籽、蒸料、做箍饼、入榨床榨油。首先将菜籽或芝麻放入斜安在灶上的铁锅里用微火翻炒，待出香味时，取起入石碾将其碾末，再放入甑子加温蒸热，取出后放入稻草做的窝中成饼，再套上圆形铁圈入榨床。榨油坊除榨食用油外，还榨桐油或棉籽油。

榨床分人力、畜力两种。人力榨，通常为撞杆榨；畜力榨，通常为绞车榨。榨床古人称“洁具”（神木），常为二人合抱的大树一节，以檀木、黄梁木为佳，锯破成对等两半，中间刨空，放油料饼，两头上箍。当油料饼全部上齐后箍紧，入楔，用吊在空中的头上加铁箍的一根撞杆，由数人推送猛力撞击木楔加压，将油料饼中的油质压出。在榨油过程中，需要喊号子来统一行动。

畜力榨，是运用传动原理安装机具，用牛马拉动加压，同样榨出油汁，且出油率高。榨油坊一直延续到人民公社时期的20世纪70年代，后古老的榨油工艺渐渐地被机械榨油取代。恩阳的木油榨一直延至20世纪90年代才退出市场。

现在榨油坊已经消失，只有从古镇一条叫油坊街的街名可以想象当年的榨油景象，走过油坊街，仿佛听到那悠远的榨油号子，闻到丝丝袅袅的油香。

捕鱼特技

恩阳河，是由发源于旺苍、苍溪、南江等县诸多山壑而形成的石龙河和之字河之水汇流形成，年平均流量26.6立方米／秒，最大流量6780立方米／秒，水流平缓，潭、滩密布，盛产鲤鱼、鲫鱼、鲢鱼、白条、江团、白甲、鳟鱼、黄鳝、青鳝、中华倒刺巴（青波）、岩原鲤（岩鲤巴）、伦氏华鲮（青鳙）、三角鲂（边

↓ 捕鱼

↑ 钓鱼

↑ 捕鱼

鱼）、鲴类（凡子）、鲇鱼、鳖等，品多质优。

由于水产种类多，自古恩阳人就有下河捕鱼和喜欢食鱼的习俗，其捕鱼的技法多样，十分有趣。

扳巴鱼 巴鱼（学名中华爬岩鳅），是恩阳河的特产，其形扁平，背部有很多细鳞，腹部有吸盘，最大的长有两寸左右。巴鱼性喜急流处，滩口常有用吸盘吸住水中石头的底部或侧面的巴鱼。人们捉住巴鱼之后，常用手挤出鱼内脏，然后用少许盐腌制好，就着烈日将其晒干，食用时一般用菜油炸一下就上席了，其味香脆，回味无穷。捕捉巴鱼，一般是在盛夏，人们比较闲的时候。捕捉巴鱼需要两个人配合，先得准备一个细竹筛，然后选择河中的一个急流滩头，捕鱼人脱掉衣服，下到河水中，凭着经验，估计哪块石头下有巴鱼，就把筛子放在石头下面，然后两个人把筛子连石头端出水面，水漏掉了，石头拿出去，巴鱼就留了下来，捕鱼人熟练地将巴鱼迅速放到挂在腰间的竹篓中，又去找下一块石头。

安篾箕鱼　这是一种在夏季恩阳河涨水之后，趁水混浊，鱼儿爱到河边觅食的机会而采用的捕捉小鱼的方法。这种捕鱼方法，只需要一个人就够了。事先准备好几个小篾箕（直径只有一尺来长），每一张篾箕都要有一块比篾箕口大得多的圆布，布的边沿要卷过来，留下一个能穿绳子的空洞，并在空洞中穿一条细绳，再准备一些饵料，一切准备就绪就可以下河去安篾箕鱼了。把一些饵料放入小篾箕中，再放一块拳头大小的鹅卵石，然后用布将其口封住，用细绳把布边与篾箕边扎紧，布中心开一个小圆口（一寸见方），将篾箕放到水中，做好记号，估计鱼已经到篾箕中觅食了，捕鱼人就悄悄地到水中用一只手掌封住布的洞口，另一只手将篾箕

↓ 捕鱼

↑ 撒网

提出水面迅速回到岸边，解开扎边的绳，拿开布，闪着银光、活蹦乱跳的鱼儿就到手了。

拗杠杠鱼 这种捕鱼方法，通常是在盛夏，人们下河洗澡时常采用的一种捕鱼方法。先准备一张旋网，再准备一根木棒，捕鱼人腰间挂一个装鱼的竹篓，选那些鱼儿出没较多的巨石，撒开大网，将巨石罩住。为了不让网内的鱼儿窜出网，捕鱼人还要下到水里，将网脚扎好，然后将事先准备的木棒伸到水里撬动。那些以石缝为家的鱼儿以为"地震"了，会惊慌四窜，稍大一点的鱼儿就全数进了捕鱼人的网兜，有时一网下去可捕获几斤鱼。

下排钓 这是一种在恩阳河涨水之后，不好用网捕鱼时采用的一种捕鱼方法。捕鱼人要在一条长一百多米的细绳上固定一百多颗鱼钩，白天捕鱼人要四处寻找红色的蚯蚓，下钓前给每个鱼钩穿上一段蚯蚓，等到天黑之时，将细绳沿河放到水中去，并做好记号。到天明之时，捕鱼人将细绳收起，大多数钩上都会有收获。钓上来的鱼多是贪吃的黄角浪、鲇鱼、鲤鱼等，有时也能钓到江团、甲鱼（鳖）、鳜鱼等名贵的鱼。

独特而传统的餐饮小吃

自隋唐以来，恩阳设县立郡，码头形成较早，官绅往来，商贾云集，经济繁荣，文化发达，加之物产丰富，鸡鸭鱼豕易得，时令果蔬品类亦多，古镇人生活水平较其他地方稍高，这给饮食文化在恩阳古镇的交融提供了衍生的氛围，这里不但有豪华排场的古镇十大碗，也有拿得出手的礼品糕点——提糖麻饼，更有和谐暖心的笑果子。这里的人们还采用本地各种物产，加工成独具风味的小吃，比如冰糖麻花、豌豆油糕、川北凉粉等，使品尝者津津乐道，体验一番“饮德食和，万邦同乐”的美食意趣。

↑ 恩阳腊肉

恩阳腊肉

腊肉是腌肉的一种，主要流行于四川。由于通常是在农历的腊月进行腌制，所以称作“腊肉”。恩阳的腊肉是用松木柴、鲜柏树枝叶、陈皮、甘蔗渣等生成浓烟慢慢地熏。熏好的腊肉，表里一致，煮熟切成片，油光透亮，色泽鲜艳，黄里透红，味道醇香，肥不腻口，瘦不塞牙，不仅风味独特，而且具有开胃、祛寒、消食等功效。山区气候温凉，大多又是泥瓦房

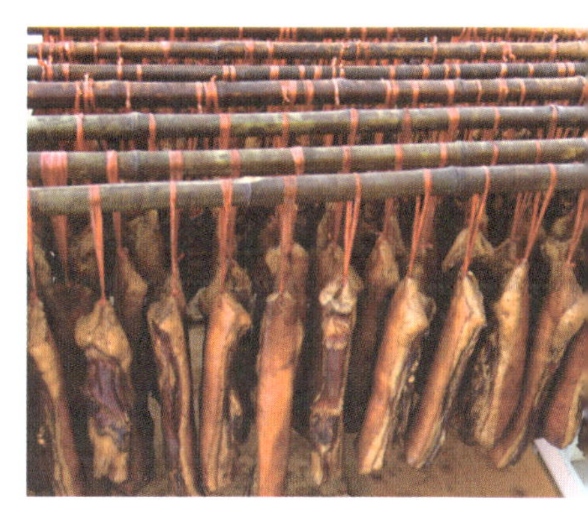

↑ 腊肉加工技艺——熏制

子，通风透气，腊肉可长期搁置，而且搁置时间越长，腊肉的味道越是奇香无比，素有“一家煮肉百家香”的赞语。

↑ 现炸现卖

笑果子

恩阳大桥下，常有一口炉火熊熊的黑色大铁锅，锅内香油上下翻滚，油香四溢，金色的沸油中一个个圆球状的吃食在不停地跳动翻滚，这就是正在炸制的笑果子。锅上架着一只竹网兜，里面装着炸好的笑果子，这些浑身龟裂的小圆球，表面是黄灿

↓ 油炸笑果子

灿的芝麻，似乎对着客人在笑。笑果子属油炸面食类小吃，外边酥脆，内里柔嫩，尝一尝，香味四溢。笑果子的做法是不传之秘，它的裂隙纹理不知是怎么炸成的。现有不同的味道，一是椒麻味，香味带着麻味，清鲜适口；二是麻辣味，麻辣香鲜；三是糖醋味，清香酸甜；四是姜汁味，清淡开胃。

锅盔

恩阳的面馆中，几乎随时都可以听到擀面棒敲击案桌叮叮当当的声音，闻到从烤炉里飘来的一股股香气，这就是在做恩阳的一种著名小吃——锅盔。旧时，恩阳人习惯于每天只吃早、午两餐，而从午饭到次日早饭距离时间很长，于是，锅盔就成为消夜食品了。同时也是长途运输者、船工、作坊工们的方便食品。

↑ 锅盔

恩阳锅盔的花色品种是很多的，常见的有圆形、长方形和三角形，也有做成半圆形和卷瓦状的。在各式各样的锅盔中，除圆形的白面锅盔外，还有表面粘有芝麻的椒盐酥锅盔；面粉中揉有红糖的混糖锅盔；加有葱、盐的葱盐锅盔；包有白糖馅的白糖锅盔；用酒米成形，内包红豆沙馅的酒米锅盔以及千层酥锅盔；还有形似圆馒头而表面起若干漩涡纹的漩子锅盔；用玉米粉烘烤而呈金黄色的玉麦锅盔等。恩阳曾流传一首民谣：“棒槌敲得叮当响，锅盔烤得两面黄；香气飘散十里外，不信你来尝一尝。”

↑ 传统烤焙提糖麻饼

提糖麻饼

刚出炉的提糖麻饼，形如满月，色泽金黄，满月上还有密密麻麻的白芝麻，宛如满天繁星把麻饼点缀得更加惹人喜爱，皮酥心脆，香甜化渣。

恩阳提糖麻饼制作历史悠久，距今已有五百多年了。据传，它的做法有72道工序，道道精细，条件苛刻。首先是制作时间，在冬季时制作，而夏季时不能；其次是选料，需上等的精面、糯米、大麦、红糖、芝麻、麻油、香油等八种全天然原料制成，其中的红糖，不是普通红糖，而是用大麦芽熬制

↓ 提糖麻饼

成的糖浆。

恩阳提糖麻饼形状不同于普通麻饼，它的四周往中间隆起，形成类似于飞碟的样子；其内里均匀地抹有一层薄薄的融化的红糖，吃起来香脆微甜。地道的吃法是从侧面咬开一个小口，再夹上凉菜凉面一起吃，可算是无上的美味了。恩阳人在登高野餐时必备提糖麻饼，一则可以用来作碗盘盛装吃食，二则可作主食食用。

斗篷肉

斗篷肉在恩阳古镇又俗称“熬锅肉”，入盘上桌时，肉汁的浓香和蒜苗的清香使得满屋都充溢着一股香气，肥而不腻，是佐酒、下饭的好菜。

↓ 斗篷肉

选“二刀肉”，即半肥半瘦带皮的猪腿肉，清水煮至八成熟后，晾凉，切片；在锅内加入适当菜油和猪油，烧热倒入肉片，慢火将肥肉熬出油来，肉片会卷曲呈灯窝状，即民间所称“灯盏碗”，又类斗篷；之后加入适量的盐、豆瓣酱、甜面酱炒出香味，再加入适量青蒜苗合炒，即可食用。

恩阳十大碗

十大碗为宴席菜，是迎宾送客、男婚女嫁、生日寿辰等待客宴席上的常见菜，以十个菜为满席，以碗盛菜，以蒸、煮为基本烹调手法。

十大碗主要的菜品有刀口丸子、龙眼肉、坨子肉、大酥肉等，民间有一句顺口溜将之概括为：品鸡鱼扣酥坨粉，海带凉菜虾米

↓古镇坝坝宴

汤。品，是指品碗，为定席大菜或称主菜，即一大碗铺成梳子形的刀口丸子。刀口丸子，是将猪肉斩为丸子馅料，调好味后做成圆筒状，外裹金黄蛋皮，入蒸笼蒸熟，切厚片，铺碗面，此为上层，形状类金字塔尖；中层垫有圆形的肉丸子、响皮、肚片、心片、肝片，最下层再衬以红白萝卜丝、粉丝、黑木耳、黄花菜等为基底。鸡，是指将去掉头脚的鸡与芋儿同烧。鱼，是指糖醋鱼和油炸小鱼儿。扣，是指蒸肘子和甜烧白、咸烧白。酥，是指水酥肉。坨，是指坨子肉。粉，是指粉蒸肉。海带，是指海带丝和笋丝。虾米汤，则复杂一些，用上好的豌豆芡粉勾兑成汁，然后打成基础汤，再在汤中添加各种调味品，如醋、盐、花椒粉、胡椒粉、葱花等，最后还要加各种翘头（方言，配料），如碎花生米、酥肉屑、鸡蛋花、黑木耳、肉臊子，上桌时再撒上香菜。

↑ 古镇小吃——十大碗

在这些菜肴中，以刀口丸子和虾米汤最具特色，可谓色香味俱佳。这两道菜，也是衡量十大碗是否做得有水平的主要标志。十大碗非常考验厨师的烹饪水平，所用食材必须为事主节约，不浪费，办多少席该用多少肉、菜、调料，要算精准，合理安排。十大碗的每道菜都有寓意，且上菜有严格顺序，有歌谣为证：

头上一碗黄花品，四方贵客主家请，
二上凤凰什祥锦，五颜六色好喜兴，
三上鲤鱼跳龙门，酒菜飘香谢主人，
四上酥肉千里行，天天处处遇贵人，

恩阳十大碗·蒸肘子

恩阳十大碗·蒸鸡肉

凉拌鸭肉

恩阳十大碗·坨子肉

恩阳十大碗·刀口丸子

恩阳十大碗·品碗

酥肉

恩阳十大碗·龙眼肉

五上飘蛋笑盈盈，尊老爱幼福满门，

六上扣肉财气旺，人人财定数无量，

七上糯米稻花香，五谷丰登谢上苍，

八上肘子富四方，家家高楼锦衣裳，

九上素菜思家乡，山川秀丽人善良，

砣子肉上席喜满堂，天长地久仁义长。

旧时恩阳的富豪大多乐善好施，他们在请人吃十大碗时，往往另设乞丐席。有意思的是，乞丐席就只上八个或九个菜，一般不设品碗。

↓ 端盘

川北凉粉

据传，清末有恩阳农民谢天禄在恩阳河码头搭棚卖担担凉粉，人称“谢凉粉”。他的凉粉制作精细，从磨粉到调料都有独技，行人品尝后无不称道，从此“谢凉粉”便有了名气。其后，农民陈洪顺悉心研究“谢凉粉”制作工艺，取其所长并加以改进，使凉粉制作工艺进一步完善。他将新鲜豌豆用小磨磨细，搅制时控制好火候，所制凉粉质细柔嫩，筋力绵软，明而不透，细而不断，调配味道更具匠心，不到一年，“陈凉粉”便名扬川北一带。“川北凉粉”之名也不胫而走，至今火爆不衰。

↓ 川北凉粉

恩阳地域万峰绵延，二水奔腾，生活在这里的历代先民无不以血缘、地缘、社会关系为基础，以家庭、村落和川东北区域内共有的宗教、民俗为纽带进行生产生活，从而调节人与自然、人与社会之间的关系，形成保障人们精神、物质生活的传统力量。恩阳古镇众多的山寨寺庙，与古镇人的节日活动、生活礼俗乃至举止言行密切相关，处处镌刻着民间信仰的烙印。

↓ 红梅阁

第五章
山寨寺庙与民俗信仰

历经沧桑的山寨与寺庙

文治寨

文治寨，位于恩阳古镇老场后山，于清同治、光绪年间逐次扩建而成。其三面峭壁如削，前临恩阳镇，后接马鞍山，寨前建有重关，唯一径可入。入寨处垒以石墙，设以石门，门前凿巨池以护之。在冷兵器时代，这样的地理条件算是天险之区了，因而文治寨成了恩阳古镇的重要屏障之一。

1984年，恩阳将文治寨建成公园。园内扩筑水池一口，池上架石拱桥两座，又建七层八角飞虹亭一座，登临可以俯瞰古镇全

↓ 文治寨内云龙桥

貌。文治寨左临崖处，新建展览室和红军石刻标语碑林，占地约110平方米，并辟有橘园、竹林、娱乐室等。

文治寨与张文治 据清道光《巴州志·山川》记载："相传昔山下居民张文治，平生好善，遇仙于此山飞升。土人因立祠祀之。山跋路险，上有古洞，中刻文昌像，额题'龙隐'二字，旁云'绍定改元七曲老人书'，字法遒隽，不知谁氏之笔，或以为帝君降乩书也。"文中提及张文治，史无其传，相关记载也寡缺难查。

文治寨建寨摭略 在恩阳古镇的十八关寨（活龙关、佛图关、接龙关、太平关、金阳关、义阳寨、文治寨、青宝寨、清平寨、长岭寨、石城寨、天星寨、永芳寨、樵家寨、北斗寨、高岸寨、苟家寨、松梁寨）中，文治寨与其人文风物均在其中，在不同版本的恩阳八景中也有"文治护城""文治山秀"两景。据清道光《巴州志》记载："文治寨……左右陡峻，前接马鞍山，建有重关，阻以巨池。足扼巴西要道。"护城池外建有寨墙，寨门及寨墙成南北走向，寨墙高3.5—5.0米。这些都说明了文治寨之于恩阳的重要性。

文治寨的置买、建寨、扩建，从清同治三年（1864）始，至光绪壬寅年（1902）"买寨门外田一丘、地一段"，先后四次扩建历39年之久。

文治寨原称文治山，本杨氏产业。据李本善《文治寨买山记》记载："杨氏需钱，得值而售之，先君子约乡人醵金而买之，以为公产。"于是，恩阳古镇的士绅们修寨门，建义仓，凿池护寨，从而使恩阳横障一方，备加险峻。

文治寨文化遗存

文治寨现存的地面文物，不仅有文昌阁、龙隐洞、飞虹亭、六角亭、护寨池、云龙桥、红军石刻标语碑林，而且历代题刻或存放于此的历代碑刻众多，并与历代的文人名士多有关联，名人文化特点突出。据1994年《巴中县志·恩阳古镇》记载，曾经收藏于文昌阁的古代古碑石刻如下。

西汉地节二年（前68）“杨量买山记”，出土于清道光十一年（1831），已失。据李本善在《文治寨买山记》中记载：“碑为嗜古者舁至金陵。吾州廖养泉先生服官江苏，见而珍之，摹拓数本，以公同好。”

唐代，韦应物“送令狐岫宰恩阳”诗碑，原刻于恩阳之驿亭，宋代王象之纂《舆地碑记目》卷四、明代曹学佺著《蜀中名胜记》卷二十五均有记载。后存于文昌阁，已失。

↓ 文治寨题刻“云龙桥”

唐代，张曙“击瓯楼赋”残碑，收藏于文昌阁，已失。

宋代，苏东坡“桔颂”断碑，原收藏于文昌阁，现收藏于巴州区文管所。

宋代，陈尧咨“长乐亭记”残碑，原出土于恩阳新场，收藏于文昌阁，已失。

宋代，七曲老人“龙隐”石刻，刻于文昌阁后山洞上，现存。

清代，李本善“天开金榜”石刻，刻于文治山腰，今恩阳一小内操场后山崖上，现存。

清代，李本善“金城汤池”石刻，刻于文治寨护寨池壁，现存。

清代，李本善“云龙桥”石刻，刻于文治寨护寨池壁，现存。

中华苏维埃时期，红军石刻标语碑29通，现存。

文昌阁

文昌阁，位于恩阳第一小学校内，始建于清初期。相传，文昌阁后山岩峻路险，原有古洞，宋代进士张文治曾隐此修仙飞升，后人便尊他为文曲星。洞口上方题“龙隐”二字，洞中塑文昌像一尊。人们为追忆进士张文治，又依洞新建了文昌阁，是恩阳古镇的标志性建筑之一。

文昌阁为砖木结构，穿斗抬梁式混合梁架，三重檐歇山式屋顶，小青瓦屋面，呈四合院布局，由戏楼、左右厢房、天井、正殿组成。戏楼为骑楼式的过街楼台，戏楼顶饰八角藻井，檐下彩绘“二十四孝”和浅浮雕刻戏剧人物故事，所绘人物栩栩如生。穿过戏楼，沿数级素面踏道直通正殿，正殿檐下施斗拱，雕梁画栋，高六丈。殿内后壁设坛并塑像。文昌阁右侧建一钟楼，前建六角凉亭，现保存较好。

↑ 文昌阁

↑ 文昌阁石刻造像

飞虹亭

飞虹亭，位于文治寨东面悬崖之上，巍然屹立在恩阳古镇的制高点，是古镇的标志性建筑之一。飞虹亭有七层八角，亭高25米，占地50余平方米。这七层八角的设计暗合了佛道“七级”“八卦”之数，与登科山的登科寺遥相呼应，成同气连枝之势。

↑ 飞虹亭

↓ 飞虹亭

普贤寺

普贤寺，位于恩阳古镇红梅村十三组山顶上，始建于唐代，坐南向北，占地面积598平方米，历经清光绪八年（1882）、1982年、1997年、2008年等多次维修。建筑呈四合院布局，正殿系土木结构的硬山式屋顶，青瓦屋面，面阔3间15.2米，进深3间15.6米，通高5.8米，后壁设坛塑像。前殿山门系抬梁式建筑，面阔3间15.4米，进深3间2.6米，通高3米。左右厢房各3间12.6米，进深3间4.2米，通高4.2米。山门外有数级白砂条石砌成垂带式踏道直通院坝，两侧立石狮一对，紧临踏道处侧建一僧人墓塔，通高3.1米。普贤寺右侧前10米处建覆钵式僧人塔，通高7.8米。

↓ 远眺普贤寺

普贤寺南侧建大雄宝殿，西侧建藏经楼，东800米处为红梅阁，与普贤寺遥相呼应。普贤寺所在的红梅村为丘陵地貌，属亚热带湿润季风性气候，四季分明。普贤寺位于山顶上，四周均为山林，以柏树为主，植被丰茂。

↑ 佛道文化

登科寺

登科寺，位于恩阳河东，麻石垭到琵琶滩头的山梁上，是南宋以后，人们为纪念宋绍定年间（1228—1233）先后登科及第的王、谢五子（王绍、谢周卿、谢耕、谢震、谢樵）而修建的寺

↑ 登科寺遗址

↑ 登科寺壁画

院，以勉励后人勤奋学习。登科寺毁于兵燹，于20世纪80年代重建。

相传宋绍定年间，恩阳河东场镇北街口处，谢家客栈主人谢寿亭遇高人指点，移父母尸骨葬于龙穴灵地，发达后，教其子谢周卿刻苦攻读诗书，谢周卿一举及进士第，并进京做了官。谢寿亭以此为榜样教育谢耕、谢震、谢樵三个儿子和女婿王绍。

离谢家半里处，有一两面悬崖的石梁，石梁长70余米，宽5—10米，谢寿亭便把石梁作为孩子们静心读书的地点，并在一块平整光洁的巨石上，靠东边缘处开凿了一个面盆大的石竻，在此砚墨，供四人学习之用。几年后，谢耕、谢震、谢樵三人先后中举人或进士；女婿王绍自幼喜欢舞棍弄棒，谢家便请武林高师教导，使之考取武进士。

清初谢氏族人为纪念谢家五子及第，教化后世子孙勤奋攻读，便在山上修建了登科寺，把凿有石竻的石梁称为“登科读书台”，山被称为“登科山”，并立碑以鉴。清道光五年，巴州知州蔡天藻奉朝廷旨意，在恩阳办官学，选址于登科山西侧下张爷庙内，取名“迎恩斋”，旧址就在今恩阳中学。

20世纪70年代在此建立居民自治组织时，设立登科居民委员会，属恩阳镇管辖。2015年年初，经四川省政府批准，撤原恩阳镇设立登科办事处，管辖区域为6个社区居委会、29个行政村。2016年12月，巴中市人民政府批复，将登科办事处一分为三，设登科办事处、文治办事处、司城办事处。

↓ 登科寺柱础石雕

↑ 红梅阁石刻——红梅、王鹗仙凡恋

↑ 红梅阁石刻——斩巴蛇

↑ 红梅阁罗汉塑像

红梅阁

红梅阁，位于恩阳镇南5里的三峰山之后峰。阁前有红梅阁大牌坊、藏经殿，红梅阁左侧悬崖边有大小二石，形若桌椅，面积4平方米，上有剪刀、尺子痕迹，相传为“红梅仙女缝纫处”。

红梅阁分布面积1890平方米，现代钢混结构建筑，坐东南向西北，四合院布局。四合院后侧建砖混结构四角攒尖顶亭，亭与后围墙相连。

四合院有前殿和后殿之分，前殿为山门处，建有圆形平台，平台前三面为砖混结构栏杆相围，平台正中放置长方形、五级六角攒尖顶铸铁香炉，山门外墙为三重檐封火山墙，当中开方形门直通寺内，门上端镶“红梅阁”。

四合院后正殿泥塑五百余尊罗汉、千手千眼观音、送子观音等。后墙墨书红梅小姐传说简介，左右厢房为砖混结构平顶式建筑，中殿前立汉白玉雕像“西方三圣”“释迦涅槃像”。前殿与正殿之间有方形天井，天井内设五级素面阶梯踏道。

登子湾佛尔岩摩崖造像

登子湾佛尔岩摩崖造像，位于恩阳老场登子湾佛尔岩，摩崖造像分布在长85米、宽4.8米、距地面1.2米的崖壁上，开凿于明代，坐北向南。造像共6龛。其中5号龛为方形龛，平顶，长2.7米，高2.7米，深1.35米，造像内容为一佛、二弟子、二力士，其中佛高0.78米，肩宽0.36米。该处造像有一定的历史价值。

↑ 登子湾佛尔岩远眺

↓ 登子湾佛尔岩摩崖造像

↑ 麻石垭佛尔岩摩崖造像

麻石垭佛尔岩摩崖造像

麻石垭佛尔岩摩崖造像，位于恩阳麻石垭村八组佛尔岩，分布在长25米、宽7米、距地表0.8米的石壁上，唐开元二十八年（740）开凿，坐东朝西。由北向南分别编号为1—8号龛，其中，4号龛为外方内二层檐佛帐形龛，弧形顶，外龛高2.01米、宽2.11米、深1.3米，内龛高1.76米、宽1.92米、深0.88米，坛高0.14米；龛内19尊造像均被涂彩。3号龛为造像碑记，碑残高0.8米、宽0.73米。1、7、8号龛为僧塔，龛内造像大部分完整，具有较高的历史价值。

↓ 佛尔岩依山而建的佛尔寺

回龙千佛岩摩崖造像

↑ 回龙千佛岩造像

回龙千佛岩摩崖造像，位于恩阳回龙居委会，造像分布在长45米、宽5米、距地面高0.9米的崖壁上，唐代开凿，坐东南向西北，造像7窟（龛）计1127尊。其中4号龛造像内容为千佛龛，千佛龛正中央开十余平方米圆拱形小龛，上楣额题“恒河沙佛”四字，龛内雕刻一坐佛、二弟子、二力士；龛的上下左右和顶部雕饰有小佛1000余尊，相传为乌提廷王与莲花女所生1000个大力士，修成辟支佛正果，誉为“千佛灵胎”，“千佛岩”也因此而得名。

↓ 回龙千佛岩“恒河沙佛”造像

巴蛇洞

巴蛇洞，位于恩阳义阳山红梅阁下山腰，岩高10余米，深30余米，洞口阔约5米，高3米有余，由于洞中淤泥渐增，其高日减。巴蛇洞内曲折迂回，深不可测，曾有人持火把进洞探秘，行不远，火即被蝙蝠扑灭，无功而返。据义阳村七组68岁的村民张仕全说，他小时候曾听长辈们讲，有人曾在巴蛇洞口爨起大火，以烟熏洞，烟从数千米以外的兴隆镇龙显洞飘出。

↑ 巴蛇洞外景

收录在1994年版《巴中县志》附录中的“蒲道官斩巴蛇”讲述的就是蒲道官斩杀了在巴蛇洞中修炼的蛇精，为民除害的神话故事。相传恩阳义阳山谪仙红梅女与恩阳县令王瑞之子王鹗仙凡相恋。在义阳山下，有一巨大岩洞，里面住着名叫巴潜的蟒蛇，长数十丈，常残害妇女，吞食人畜，修炼千年后成为蛇精。它垂涎于红梅女的美貌，极力破坏红梅女与王鹗的爱情，后被蒲道官斩杀于鳌溪河。

↑ 巴蛇洞洞口

据考证，巴蛇洞是远古巴人穴居的岩洞。不少专家认为，巴人的祖先出于对蛇的敬畏，将蛇奉为部族图腾，予以祭祀，并认为蛇是龙的象征，常以龙蛇并称。凡巴人住过的洞窟，人们就称之为“巴蛇洞”。

古老的文昌会

恩阳古老的文昌会始于宋代中叶，已传承千年。

恩阳文治寨，在古镇后山，据清《巴州志·山川记》载：

> 此山岩峻路险，上有古洞，相传，昔日（约宋初）山下居民（实是进士）张文治，生平好善，曾隐居此洞修行，后遇仙飞升。从此，人们以文治名其山，并建祠祀之。

至宋代中叶，有人在洞中刻一文昌像，同时建文昌阁于洞前，洞上题“龙隐”二字，这是古人把隐居于此的张文治看成一条待时乘雷而动的卧龙，又因张文治是登科进士，便假托他是梓潼帝君张亚子的化身，建文昌阁以供奉祭祀。文治寨与文昌阁便是人们祭拜文昌君菩萨之地。

相传农历二月初二是文昌君的生日，这天，文昌君菩萨塑像要乘坐八人抬的大轿，出庙巡游，走遍恩阳河三场，龙灯、采莲船以及数十套锣鼓随行；各街口要扎牌坊，庙内要念经，人们要为文昌君菩萨进香参拜；戏楼都要唱戏，有许多是还愿戏；中午在大坝广场设露天宴；晚上燃放烟火以及放河灯。这就是恩阳古镇传统的文昌会。因文昌君是主管人间功名利禄的菩萨，受到百姓的普遍崇拜，香火很旺，因此，在农历二月初二文昌会这天，恩阳古镇大街小巷人山人海，热闹非凡。文昌会最初为一天，后内容庞杂，便逐渐延长为一个月。

烟火架　这是一种传统烟花，常于祭祀、做斋、打醮、节日灯会等民俗活动中燃放，以求消灾避难、人丁兴旺、五谷丰登。烟火架的基本原理是以纸做成各种可折叠软模型，装置时呈折叠状态，体积很小，而燃放时使其呈伸展状态，体积可增长数百倍。烟火架以火药为动力，燃放时可以发光、发声、冒烟、变色。

恩阳烟火架造型奇特，规模宏大，令人称奇叫绝，其制作技艺是历代艺人智慧的结晶，是艺术和技术的完美结合。所谓艺术，是因其模型（俗称瓤子）制作涵盖人物、动物、生产生活场景、仿真建筑等，栩栩如生；所谓技术，是因为模型的制作须折叠并能伸展，而每一个细微动作均由引线控制，每根引线可能会控制一个动作、一段时间的发光、一股浓烟或几发炮弹等，内中引线多达数百根，如此多的引线必须同一时刻点燃烧到位，同时启动完成同一动作，绝不能有时差。

文昌会的烟火架设在文昌阁门口的大坝里，其烟火架为塔层式，悬吊在文昌阁后山石岩上一棵斜伸出的大麻柳树枝上，离地高达30余丈。烟火架一般为七层或九层，均为奇数。每层燃放时显出由火药亮光组成的图案或文字，第一层为“文昌圣会”；10秒后燃放第二层，吊出一组彩色亮光组成的四个大字“五谷丰登”“天下太平”“八仙庆寿”等，还不断亮出“孙悟空”“猪八戒”等多个戏剧人物，观看者笑逐颜开，欢声雷动。

灯山　在大坝周围还装饰了各类的灯山、蜈蚣桩、鲤鱼跳龙门以及各家各户和行业帮会扎的跑马灯、宫灯等，扎得一个比一个大，一个比一个美。灯山，是由竹子搭成似山的锥形竹架，在竹子交叉处用烫面做一个面窝，里面放上清油，放一根三颗钉的灯捻子，天黑时，数百盏灯一齐点亮，非常壮观。灯山，一般是那些想生儿子的事主所扎；蜈蚣桩、鲤鱼跳龙门都是观赏灯，点燃后，活像一条庞大的蜈蚣和反复跳跃的鲤鱼。

放河灯 放河灯在文昌会的正会之夜进行。旧时，水上运输是恩阳古镇经济的命脉，放河灯实为祭河神，保佑恩阳河水上运输安全，百姓不遭水患，生产生活顺顺利利、红红火火。

在文昌会的正会之夜，人们在天黑之前，将准备好的芭蕉树壳和数万只蜡烛装上十余条小船，拉到瓦窑滩口之上。在一条大船上搭有念经的台子，当文昌会烟火结束后，大船上的和尚念经做法事，十余条小船开始发灯，将点燃的蜡烛插在芭蕉树壳上，放入河中，这些插着燃亮蜡烛的芭蕉树壳顺水漂流，一直到深夜。宽约200米的恩阳河成了一条灯的河流，灯光在漂流的河水中映衬出长、短、点、线不同的光影，闪闪流动，好像天上银河落恩阳，尤为壮观。

恩阳二月二文昌会从宋代中叶开始创办，已传承千年，其间曾一度中断，于2017年恢复，成为川东北最大的庙会。它不仅表现了恩阳人感念张文治先生大兴儒教、激励学子上进、乐善好施的功德，也是恩阳人用智慧创造的民俗文化精品。文昌会，文化内涵丰富，融入了商贸文化、码头文化、道教文化、儒教文化及袍哥文化等多种文化元素，是恩阳民间精神生活和物质文化的集中体现。

正月十六登高

《巴州志·风俗篇》有载，清时“新正月九日群集望王山烧香，十六日妇女出游谓之走百病，谐南龛寺设大醮会，礼佛请佛。山前有圆洞二穴，妇人无子者以物掷之，视其中否以祈嗣，谓之打儿洞”。据年长者讲，巴中正月十六登高，源于唐永隆元年（680）。武则天将太子李贤贬到偏远大巴山的巴中为庶人，从此，李贤每年正月十六都要登临南龛山、望王山，北望长安，祈求回到亲人身边。百姓也是年年相邀，尾随着李贤，陪行登山。但太子李贤的愿望终未实现。他死后葬于巴州区南龛坡，谥号章怀，现有章怀太子墓。民间传说，章怀太子在巴中深受百姓爱戴，其

↓ 正月十六登高

↑ 正月十六登高路上的唢呐表演

所作的《黄台瓜词》至今为巴中人传诵，诗云："种瓜黄台下，瓜熟子离离，一摘为瓜好，再摘使瓜稀，三摘犹可为，四摘抱蔓归。"巴中百姓为了纪念章怀太子重农垦、恤民情，把每年正月十六定为登高节，意在新的一年步步高。这天，大人、小孩们在胸前和发端插上柏丫枝，意味着长寿百岁、驱逐病魔，久之成俗，历代不衰。一千三百余年后的今天，巴中百姓仍然呼朋结友去登高。

恩阳属巴中，仍沿袭此风俗，每年正月十六日，人们都会带上恩阳提糖麻饼、川北凉粉等小吃，扶老携幼登上义阳山顶野餐，与亲朋好友赏春。

↓ 万人登高

说春

寒冬腊月，正当人们准备“年事”，迎接新春到来的时候，农村的春倌已积极热情地向人们报春了。恩阳把这种报春活动称为“说春”。据《恩阳镇志》记载，每年冬至后，春倌就开始外出说春。一般是两人一组（也有单独一人的），每次外出时间约为1—2个月。他们头戴乌纱官帽，身穿长衫，背着布褡裢，手拿一个黄杨木雕刻的牛背上骑着人的小春牛（寓春耕之意），布褡裢里面装着用彩色纸自印的有文有图的“廿四节气表”，说一户，给一张，此为送春。褡裢的另一个作用，就是装人们回馈的谢礼。说春的唱词多为即兴创作，随口吟来，大多以吉利祝颂为主题，含蓄、幽默，一般按主家的家世、职业、身份歌功颂德，取悦主家，以求赐赏。

↑春倌说春

春倌们翻山过河，走村串户，每到一家，先把小春牛托在手上，或放在主家的桌子上，接着就唱起欢快、动听的报春歌，祝愿人们吉祥如意、幸福安康、发财致富；唱完后，就给这家赠送一张“廿四节气表”。老人们说，一个好的春倌常常是“到什么山唱什么歌”，说唱内容既要有历史文化色彩，又要紧跟时代潮流，并且能即时即景即人地随机应变，因此，春倌往往是脑子灵、反应快、有文化、能言善辩的人。春倌说词的主要特点是字多腔少，一般无拖腔，节奏规整，通常两句一组，形似快板词。这种半说半唱的表演形式，深受当地群众喜爱。

春倌常说的说词如下：

步步登高喜气旺，家有梧桐引凤凰。
山清水秀出举子，财运通达人兴旺。
春倌到屋把眼观，主家仁义宽过天。
一进贵府来说春，二进贵府贺新年。
一送黄历二送春，三与主家开财门。
一开东方甲乙木，加官晋爵进财物。
二开南方丙丁火，招财童儿迎门坐。
三开西方庚辛金，斗大黄金送上门。
四开北方壬癸水，灿灿金银几大堆。
五开中央戊己土，年年朝贺老财主。
我把财门来开过，天天进财笑呵呵。

那位大嫂在听春，听我给你说分明。
头上青丝放豪光，才貌双全世无双。
八字眉毛如柳叶，一口牙齿白如雪。
不打粉来自己白，不搽胭脂桃红色。
好看不过素打扮，贤嫂一派好姿色。
会做家务会做菜，妻子贤来丈夫爱。
孝敬公婆贤惠好，四方八邻都知道。

这位大嫂真不错，喜钱要拿一块多。
多是情来少是意，五毛八毛不嫌弃。

左脚踏门生贵子，右脚踏门踩麒麟。
双双脚儿齐踏进，男子富贵女聪明。
男子聪明高官做，女子聪明享太平。
一进堂屋四角方，四根中柱顶大梁。
大梁本是沉香木，二梁本是紫檀香。
三梁四梁认不得，不是枫香是柏杨。
上头盖的琉璃瓦，地下做的金银坊。
春倌进屋送帖子，大红春帖四角方。
事主拿去天天望，日月农事写端详。
廿四节气说得好，适种适收有良方。

↓ 稚子候门

古朴厚重的生活习俗

建房

建房，是人生的大事之一。恩阳民间建房，均要请“地仙”相宅。一般按照“左青龙、右白虎、前朱雀、后玄武”的地形进行选址。

下基 宅址选好后开始下地基石，开山取地基石之前要对石山敬香祈祷，求山神保佑开山取石安全，石头取下后运到建房工地，选择良辰吉日下地基石，特别是在堂屋后墙正中下第一块地基石前要敬香、烧纸，用大红公鸡祭祀。

筑墙 地基石全部安好后，选择吉日筑墙。先向神木（墙板）敬香祈祷，然后取第一撮箕土开始筑墙。墙筑到过大门高时要安放过墙板。安过墙、提垛子、开梁口、放梁木都要敬香烧纸，此时匠师都要吟诵与该工序有关的祈祷词，民间称“说吉利”。

上梁 墙筑到一定高度后要进行晾墙，等墙土稍干才开始上梁。上梁要选好吉日良辰，举行上梁仪式。上梁之日要杀猪祭祀，设宴酬客。土匠、木匠都要举行一系列的祭祀仪式：进山选中梁树木要祭树神；中梁做好后要举行画梁仪式；梁木画好后要用公鸡祭梁；接着设鲁班堂，请土、木匠的祖师爷（鲁班）出山，镇压一切邪魔鬼怪，清扫新宅后，才开始上梁。第一步拉梁上墙。将祭祀后的梁担木中央贴上写有“紫微高照”或“吉星高照”字幅（符）的红纸或红绸后，再系绳拴梁，开始拉梁上墙，边拉边吼号子，民间谓之“吼梁”。第二步，梁拉上墙顶安放好后，举行“踩梁”仪

↑ 祭房

↑ 上梁

式。木匠师傅手拿鲁班尺，脚穿事主家手工缝制的纯布新鞋，在新梁担上走来走去，边走边说吉利词。第三步由踩梁木匠师傅将事主家和亲朋好友家送的馒头向新房四周抛撒，边撒边吟诵祝词。甩馒头时房前房后必须有人捡拾，当木匠师傅问前面有人没有，底下的人即答："有！"又问后面有人没有，要有较多的人一齐回答："有！"表示新房建成后，房主后人兴旺发达。馒头甩完后，事主要到新墙下面接斗（装馒头的用具），叫"接斗"仪式。以上仪式中，匠师要吟诵数十首祈祷诗文和祝词。上梁仪式结束后开设宴席，款待宾客和帮忙修建的人员，下午休息，匠师均不上工，叫"歇梁"。第二天才进行钉桷、盖瓦等活计。

开门 等新房晾干到一定程度后，木匠师傅才得将先做好的门框安上去。因筑新墙时预留的门墙洞较小，要用斧头砍开与门框大小一样时，新门盒才安放得进去。为了方便，安门盒时门为全关闭形；安好后，匠师在堂屋门内，事主在堂屋门外，将门推开，民间叫"开财门"。这一仪式十分重要，举行此仪式是要把财神爷请进家门。事主与匠师通过问答方式将房门打开，让财神进来。其祝词内容较多，以招财进宝内容为主。

扫坝 开了财门后，接着就是石匠师傅铺设石院坝，完工后，须清扫石渣石片，也要举行“扫坝”仪式，同样要敬香、烧纸，用大扫把边扫边吟诵吉利歌词，把一切邪魔清扫干净。接着石匠师傅再将院坝的“龙眼”开通，积水才有去处。“龙眼”是开在院坝的东边，名曰“水流东海”。

乔迁 新房建好后还不能马上搬进去住，要请端公先生祭房，通常与搬迁一起进行。主人要杀猪宰羊设宴，亲朋好友登门祝贺，并送情礼，民间又称“办房酒”。席间由支客司（主持人）代表主家吟诵席间贺词，对登门祝贺的客人表示谢意。

婚俗

婚嫁，是人生大事之一。恩阳传统婚礼习俗沿袭汉文化传统，相当繁杂。随着社会的发展，虽有简化，但仍有很多程序。

媒人提亲 媒人又称“红叶”“媒婆”，是沟通男女双方关系，传递男女两家信息的牵线搭桥人。从婚姻提起到男女见面这段时间内，都是媒人往来于男女两家了解、交换双方父母的意见，传递“生辰八字”，通过算命，“八字”合，而又彼此同意，才决定见面。

男女会面 是男女双方乃至父母、媒人共同参与的一种订婚礼仪。通过媒人的撮合，双方均同意缔结婚约，就吃“见面酒”。见面酒，要设酒席宴亲，男方要准备彩礼。如果男方到女方家去，就要请人抬运或背送情礼；如果女方到男方家去，男方家要打发新衣、现金、糖果、糕点等礼品。吃过见面酒，宣布婚约正式缔结，男女双方可以互通往来，表示已成未婚夫妻。

置备彩礼　备彩礼为男女双方共同筹办。女方父母要为女儿备办嫁妆；男方要根据女方要求，备办迎亲彩礼，如衣服、食品（猪肉、酒、米、面等）和金钱等。男方备办的彩礼，由迎亲队伍抬运女方家中，女方嫁妆由押礼先生、红叶和送亲人员随新娘一同送到男方家。

择日请期　由算命先生择出一个良辰吉日，双方按婚礼备办情况都可接受的时期举行婚礼，民间称婚期。由男方按备办情况向女方送去大红纸写的“请期礼书”，定下迎亲时间。

开脸梳头　姑娘出嫁前要请会美容的妇女用棉线绞去眉毛周围及面部的汗毛，名曰“开脸”。开脸后，姑娘的发型就从姑娘时期的辫子改为螺髻。

↓ 迎亲乐队

↑迎亲

迎亲拜堂 古人又称“亲迎”，在婚期到时，男女双方都备办酒席进行迎亲、拜堂入洞房、揭盖头、喝交杯酒、拜祖坟、闹洞房等一系列活动。男方要组织迎亲队伍，包括乐队、花轿、伴娘、抬工各若干人，由押礼先生和媒人率领，吹吹打打、浩浩荡荡前往女方家。迎亲队伍来到女方家房前不能立即进屋，女方家的支客司在院坝边路口还有一场与押礼先生以诗词问答的迎娶仪式，双方较量文采、口才，并报送有关柬文，然后才能进入院坝，将男方送来的聘礼公之于世，让客人观看，民间称“摆礼”。女方官禄司（厨师）要举行“开盒”仪式，媒人、押礼先生举行“交礼”仪式。

在传统婚礼过程中，柬文较多，十分繁杂。柬文的内容均用古文书写。如“庚帖文”又名“鸾笺”或“唐文”，是报送生庚八字的帖文，当对方收到后又有“回庚文”，又名“凤书”，还有“期书文”“知柬文”“报神柬文”等十多种。在投送这些柬文时，男方押礼先生与女方支客司还要用与所报送柬文内容相关的话语进行诗词对答。如“报神柬文”投报后，接着男方押礼先生又双手交“报人柬文”，口中便吟诵：“报神已毕，又报主人，拜下礼也，劳力劳心，再拜而受之，我们拜知宾。”“车马停留，前踵府门，不敢造次，予报以文。”支客司吟诵：“启动先生，大驾光临，有劳贵体，先拜其门。”当在房门前的投报柬文结束时，女方支客司才抬开方桌、让开大路，男方押礼先生带上几十人的迎亲队伍吹吹打打地进门。

女方的出亲仪式：在婚礼举行前的一周或十天，待嫁姑娘在专设的歌堂里早晚进行“哭嫁”，并由若干姑娘陪同共哭，直到婚期到来。起媒（姑娘出嫁的头天）的当天晚上才给新娘梳头、夹眉、搽脂、佩戴头饰。姑娘出嫁要头戴“花冠”，从闺房出来，进堂屋拜祖宗、拜父母后，要从脚盆鼓上踩过，脚不能着地，亲哥或旁系哥哥从鼓上接过姑娘背出堂屋。姑娘将一把竹筷向自己后面抛去后，哥哥背妹妹进花轿，媒人与押礼先生上锁，各一把钥匙。哥哥将花轿抬起摇三摇，民间称“晕轿”。轿夫接过花轿吟诵祝词后，花轿不能着地，立即出门，出亲仪式结束。新婚姑娘的花轿极其尊贵，就是与县太爷的官轿相遇，也要让路。

男方的迎亲仪式：花轿到男方家房前不远处，男方要鸣放“三眼炮”（古人称火铳），表示花轿临门了，准备迎接新娘。新郎着新装，佩红花彩带在院坝边或大门外等候迎接。当花轿行至地上铺有红布（毡）前时，抬夫不放轿，口吟吉语、祝词，男方亲人发放吉利喜钱（红包）后，轿夫才会停轿开锁。此吉利钱由送亲客、押礼先生和轿夫共同分享。送亲客和新郎扶新娘出轿时，男方亲人也要给新娘发红包，新娘才得出轿，从红地毡上进入堂屋。由礼生主持，新郎、新娘拜天地、拜祖宗、拜父母、夫妻对拜，进入洞房喝交杯酒。

拜坟：喝交杯酒后，新郎、新娘要到祖先坟地拜坟，敬香蜡，烧钱纸，磕头跪拜，让祖宗知道，他们已成夫妻。此时路边有掉牙的儿童，要新娘摸牙，表示新牙快长。

揭盖头仪式：这一仪式是在洞房里备好红蛋（喜蛋）、酒杯和酒壶（壶上有“喜酒”二字）、点燃香蜡的桌前举行。新郎十分轻柔而又有礼貌地用秤杆将盖头挑开。新娘含羞、勾头，喝交杯酒、吃喜

↑ 揭盖头

蛋。凡是戴花冠的新娘盖头揭开后，花冠仍戴在头上，等到新婚闹洞房结束后，上床入睡之前，新郎才有权将新娘的花冠摘下。摘冠之前，新郎、新娘要相互对文、吟诗，等男女双方挑逗成熟，女方也想上床时，姑娘才同意去掉花冠，新郎要吟诵《去花歌》："一花卸去一花新，前花是假后花真。前花虽有衔花鸟，后花才有采花人。"边吟诵边轻柔地摘下花冠。此种仪式要新郎、新娘都为读书人方行。

闹洞房　是由与新婚夫妇同辈关系的姐妹哥嫂参加，而长辈不能参加的一种嬉戏仪式，以逗新郎、新娘取乐为主，全用口头文学中的诗歌、顺口溜、四言八句等语言挑逗新郎、新娘，让大家同享新婚之夜的欢乐，是民间借新婚之夜青年男女以新婚为题的一种赛诗对答，年轻人很感兴趣。在挑逗中，以新郎、新娘为主要对象，凡对答不上者，新娘要撒糖果、瓜子，新郎要撒香烟等，一般闹洞房要闹到深夜。

回门　结婚后第二天，新郎、新娘两人到女方的家，要送情礼。新郎上岳父、岳母门称"门客"，新娘称"回娘屋"。由于新郎、新娘各自的地位不同，连走路的前后也有区别。新郎为门客，又称主客，门客行前，新娘行后，否则到岳父、岳母家后，长辈要训女儿缺少家教。新郎、新娘到屋，马上点香蜡敬神后才能休息。回门时不能在娘家过夜，要早出晚归，当夜必须回到男方家。这是因为，新娘第二天一早要进灶屋做饭，这顿饭做得好坏直接关系到媳妇的一生，是公婆评价媳妇的关键时刻。

丧葬礼俗

丧葬礼俗为“丧礼”和“葬礼”的统称。在古代，“丧礼”为“凶礼”，“葬礼”为“吉礼”。丧葬也是人生大事之一，它与婚礼同等重要。婚礼为“红事”，丧礼为“白事”。丧葬礼俗繁杂。死前为将死者净身、穿寿衣，然后，进堂屋设座椅入座，落气后铺竹席置死者于席上，将火纸盖于脸上，名曰“盖脸纸”；烧钱纸，名曰“倒头纸”；之后是点脚灯，烧铺草。长孝戴孝帕向亲友报丧（凡见长辈均要下跪），报告祭奠和安葬日期。在死者的阶沿设灵堂、扎灵房，将死者入棺摆在堂屋正中，准备祭奠日期祭奠。

↑ 送葬

停灵间禁忌猫儿进入堂屋，据传说，怕猫惊尸；给死者穿衣禁忌五件，民间规矩为七件或九件。

客祭　是由来客方参与的祭奠仪式。常为女婿对岳父、岳母，外侄对舅父、舅母等进行祭奠，也有至交好友祭奠的。来客进到孝家房门前，孝子均出门跪地迎接，特别是客主方（女的娘家长辈）来客的接待更为讲究。客主长辈常行在后，长孝跪地最前，来客均走进屋后，客主最后像佛摸头似的说吉语，摸头后主孝才能平身，而且按长孝依秩序平身返回。来客进屋稍稍休息后参灵，绕灵柩一周。若抬祭猪祭奠，一般在参灵后进行，由礼生主持，官禄司进行。半夜在灵堂开奠行祭，念祭文，念祭文结束总有一句：“呜呼！哀哉尚享！”

堂祭 主祭方为宗族集体祭奠，一般为向本族德高望重的死者行祭。较为隆重的仪式为现场杀祭猪行祭，民间又称“血祭”。发孝帕戴孝后才由本族参祭者下跪，由礼生念祭文。

家祭 是由死者儿孙参与的祭奠仪式。较隆重的为“出堂三献”（初献、亚献、终献）和“对灵三献”仪式。此仪式为沿于明清时期的一种祭奠仪式，极其繁杂。

在祭奠仪式进行之后要进行通宵的孝歌孝戏演唱，是一种以“孝”为主要内容的民间文艺活动，直到天亮前送灵到墓地结束。送灵，民间又称“送丧”或“送葬”。送葬途中还有不少习俗。

墓地 墓地是经阴阳先生选择后定下的“阴宅”地，它与“阳宅”一样重要，旧时，民间非常相信阴阳宅的“风水”好坏决定着家族的兴衰。墓坑挖掘有禁忌，只能当天挖成当天下葬，就是头一天开挖的墓穴，第二天下葬前还得象征性地动挖，表示这是新穴。下葬前要用芝麻秆烧墓坑，放进灵柩后由阴阳先生按山向拨好字头，用纸钱将棺木进行象征性地焚烧，名曰“焚献礼”，然后才进行掩土仪式。掩土后烧灵坊、修坟（垒坟），还有烧七、剃头留百期发、烧百期等习俗。

“葬”字按《说文解字》讲，上下为草，中间为死者尸体。按古人的解释，在地上铺上干草，将死尸放在草上，再用干草把死尸掩盖起来为“葬”；葬俗，就是掩藏死尸的习俗。在巴山地区的葬俗中，古来以土葬为主，除土葬外也有很多特色以及具有研究价值的其他古老葬俗。

岩穴葬 巴山人称“塞干石岩”，此种葬俗巴山民间多用于小孩死亡，或极其贫困的疾病死亡者，将尸体装入用六块木板钉制的木箱（火匣子）内，投入干石岩的缝穴中。

传说，恩阳兴隆场乡喻家梁一医生，生前在一岩穴中用石头做了一把儒生大椅，岩门用石条封好，开一门，死前他穿好寿衣自己进入岩中，坐在石椅上待死。死后人们将岩门用水泥封死。

吊棺葬 此种葬俗又称“悬棺葬”。巴中市南江县光雾山现还保存有此种葬俗。在大坝的吊丧岩上，至今还有用四根铁链将棺材高吊在数百米的悬崖上，上不沾天，下不着地，吹狂风时还微微荡动。此种葬者多为麻风病死者。

洞穴葬 把灵柩安放在古人开凿、曾作为人居住的石穴(蛮洞子）中，巴山人称洞穴葬，考古学界称为“汉墓”。

土葬 土葬习俗中又有若干葬法，但都是以土掩棺。由于土葬中死者身份不同，又可分为以下五种。

墓坑葬：在土地上挖成长方形土坑，将棺材按地仙测好的朝向安放后，用泥土埋葬。

吊棺墓葬：在人未死之前修好的石墓穴中，用四只铁链将棺材吊挂在墓穴内壁，不让其着地，顶上用石板砌成拱形，上面再掩土埋成坟。

钉尸葬：常为道士、游司等以及凶死（非正常死亡）之人死后采取的一种葬俗。将死尸停放在比人较大的一块木板上，再将死者的颈、两手、两脚用五颗大铁钉钉在木板上，后放入墓坑用泥土掩埋。20世纪60年代，巴州区三星乡张公庙村破坟造田时发现过此葬俗。

无头尸葬：巴中在改土造田中曾发现此种葬法，在棺材中的尸骨架无头骨。此种葬俗应为死者的头被敌方取走或被“斩首示众”

的刑罚处死者。

软尸葬：将死尸用烂竹席包卷后，用绳子捆好，不看阴宅，随便选地，入坑掩土埋葬。此为最贫困之家或死于路边的无主死尸之葬法。

火葬　即火化为葬，将骨灰撒入山川、江河或供奉灵屋公墓之中。现今某些地方实施的火葬，将骨灰盒葬入公共墓地或运回故乡再葬，此习俗属于“二次葬”，实为土葬。

评孝

在恩阳一带，在长辈逝世出殡前，要进行一场严肃认真的“评孝”，以这种形式为逝者送行，对后代进行孝道教育。去世老人的儿女及三代以内的直系晚辈称为孝家、孝子，无论从事何种职业，职位多高，此时的身份都是孝子，都要接受对其孝行的评议。

评孝一般在出殡前夜进行，由男逝者族内长辈、女逝者娘家来宾当众评议孝儿、孝女对逝世的父亲或母亲生前赡养、病中医治的尽孝表现。在大庭广众之下，摆上长席，长者居上位两侧，正上方缺座，为死者所设，孝儿、孝女跪下方，由族内有名望的长者主持，孝子中推荐一名代表（一般是逝者的长子、长女、长媳），向来宾及议孝者详细报告已故亲人的简要生平、生前赡养、疾病状况、医疗过程、逝世时间、后事安排等方面的情况，随后由宗族、亲友、邻居对死者儿女公开评议孝行。评论是严肃、认真的，不孝儿女将受到严厉批评，旁听者也从中受到孝道文化的教育。

恩阳这一评孝习俗，在农村沿袭至今，这是对敬老尊老传统美德的传承与发扬。

独到奇异的节日习俗

恩阳同全国一样，传统节日有春节、元宵、清明、端午、中秋、重阳、冬至、腊八等，独具特色的节日活动有扫扬尘、祭灶、喂核桃树、抢金银水、送蛇蚤、咒老鼠等。

扫扬尘

过去恩阳地区的人一进腊月便开始做过年的准备了， 到了腊月二十左右便有了“年”的气氛。较富裕的家庭开始杀年猪、蒸醪糟、缝新衣；中等人家熬苕糖、煮豆豉、推灰菜、磨豆腐、做灰碱水馍、做米酵馍以及碾米、磨面、挂面条等。年前还要准备一些茶食，诸如晒苕麻圆儿，炒阴米子、包谷花、向日葵、落花生，做火米糖等，样样都要忙着备办。清洁卫生是必须要搞的，一般在祭灶前一天打扫扬尘，起阴阳沟，除畜圈，擦门窗桌凳，实际上就是房屋内外彻底的大扫除。恩阳有句俗话叫“三十晚上扫扬尘——无望”，或者叫“戴起草帽扫扬尘——莫望”。

祭灶

祭灶多在腊月二十四黄昏入夜之时举行。一家人先到灶房，摆上桌子，向设在灶壁神龛中的灶王爷敬香，并供上刀头肉、白酒、祭灶果。祭灶果有各种麻糖做的红球、白球、花球、油果、火米糖、麦芽糖等，或8色，或12色，吃到嘴里都是又甜又粘的那类。

供毕，将贴了一年的“九天东厨司命灶君”神像与纸扎的马一起烧掉，祈求灶君在玉皇大帝面前多奏好事，保佑一家平安，这就是俗话说的“灶君封住口，四季无灾愁”。祭灶果则由家人，主要是小孩分而食之。到了大年三十夜，再把灶君接回家来，即将新购来的灶君神像贴到灶台上。因灶君下界先要清点名册，所以家庭成员都要回家过年，以祈求灶君降吉祥于全家人。

抢金银水

大年三十日晚，全家人围着火塘守岁，一定不能忘了时间，交新年的正月初一子时，出天行（传统节令习俗），就要去井边挑一担水回家，谁第一个抢到水，就是金银水，寓意来年发财。小孩子还可以到外面竹林里找着一根竹子，一边抱着摇，一边唱“竹儿爹，竹儿娘，我和竹儿一样长”，乞求长高。

喂核桃树

在恩阳农村一直有正月十四喂核桃树吃饭的习俗，据说这样核桃才能正常结果。这天中午饭前，先舀半碗米饭放一边，饭后，人们就端上那半碗米饭，再带上点清水，拿上弯刀去给核桃树喂饭。一边用砍刀在树干上砍些斜口，一边嘴里念快板似的说：“串达串，坨达坨，大风大雨吹不落。你莫落，你莫烂，给你吃个罐罐饭。结个核桃二斤半，大人娃儿都来看。”之后把饭粒填在刀口上，倒点儿清水，再拈点细土盖着。其实不只是给核桃树喂，凡是果树人们都要喂饭，以祈求硕果累累。

烧土蚕

土蚕，即蛴螬，是金龟子幼虫，危害农作物幼苗的根。

只要正月十五一过，年就算过完了，就要进行春耕生产了，因此人们要赶在正月十四做些准备活动。正月十四日这天，人们在新翻的地里铺上一些柴草，点燃，随后自问自答式地反复高喊：“烧啥子哦？烧土蚕。烧死哒没有？烧死哒啰。”这看起来有点儿迷信，其实是有科学道理的。因为过去人们舍不得买农药，使用高温灭虫，倒是很生态的。

吆麻雀

正月十四日这天，人们派两个小孩子走到田野里，一个背一个大簸箕在前面走，一个拿根木棍在后面敲簸箕，一面齐声高喊：“哚啰嗬，哚啰嗬，正月十四磕簸箕，麻雀儿莫要吃我的，专吃对

↓ 浣纱

面那个做贼的。喋啰嗬。”

送蛇蚤

正月十五日，人们先把棉袄等衣服拿到外面用树枝之类的敲打，再把房屋里里外外扫干净，把地灰等垃圾拿到院子边，混合着柴草点燃，边敲打衣服边刨燃烧着的垃圾喊话：“蛇蚤公，蛇蚤母，对河请你过十五，酒也有，肉也有，胀得你娃梭起走。莫咬你，莫咬我，专咬河那边那个屙屎狗。”

咒老鼠

正月十四日晚上，家家户户的孩子像做游戏一样，在灶屋里，一手拿水瓜瓢，一手拿锅铲敲瓢，一边敲，一边念：“正月十四敲瓜瓢，老鼠子抱儿不生毛，抱一个死一个，抱一窝死一窝。”据说这天咒老鼠很管用，老鼠就不会出来偷吃食物。

恩阳古镇，历史悠久，文化底蕴深厚，有着一千多年的历史，钟灵毓秀的山水四处洋溢着浓郁的文化气息，无论是遗存的碑刻，还是美丽动人的传说，或者历代文人的诗词歌赋，无不闪耀着古镇特有的文化光芒，佐证着其风水宝地的永久价值。

↓ 万寿宫封火山墙

第六章 文化集萃

碑刻辑录

长乐亭碑记

长乐亭位于恩阳镇的新场。光绪初年，建修育才书院时，掘土发现长乐亭碑记。将上面泥土洗净后，发现是宋代一位叫陈尧咨的人撰写。后来将此碑移到文昌宫保存。宣统三年，时任巴州牧藜然见到后，认为很珍贵，廪生李士德专门造石窟放置保存。今天拓印者很多，相当于“石经”的残字。

朝散大夫、尚书工部郎中、永兴军府兼管内劝农使、管勾驻泊军马、提辖乾耀等七州巡检、佩金鱼袋陈尧咨撰并书。

乐坡，古别离之地也。大中祥符七年，予□□□□东出迎饯，必登周览，不觉兴叹。其欢伊何？此实汉唐□□□□□□□时惨离魂伤别，可胜道哉？若乃方隅有警，上将出征，䌷而宾客气振，□□跃马而去。又若□□持史节□□追，祖帐竞陈，清日将暮，单车莫停。又思思臣慷慨，□□□□□，或为谗慝中伤，事窜万里，观者感泣，去兮如逝。复有□□执手，相顾泣下，父□其子，弟远其兄，情爱之所钟，□慕□□□叹乎，兴然亦叹□，而此坡之独存也。但是，颓垣坏堑□□□□□□□徘徊亭上，感曰:古人别离增愁悲，今人别离□□□，惟有别离无尽时，南天半坝水，呜呜流不断。应见古今□□亭，无绪堪伤神，大丈夫心怀壮志，当年□□□□□□□□□□□□□□□□建功立业，是所图炳焕鸿名。□□□□□□□□□□□□□愧，歌既书之，复序其叹古之意。载于□□□□□□□□□□长乐亭记。祥符七年，甲寅岁九月九日。

重修恩阳山中峰普贤祠序（清·罗开益）

恩阳山者，总名也，古治详焉。在昔，隋号义阳，明县治城西三里，名其山曰恩阳。迄清二百余年，恩阳山之名以永。分观之，山有三峰，与咸阳之莲花、明星、玉女三峰势同。而惟此鼎峙，中出其峰，较左右而嵩，峰之下古南禅寺，峰之上则普贤之旧迹焉。巍巍气佳哉，巴西第名山耳!仰承龙顶之金星，俯涵熬溪之水月。东临仙阁，红梅佳句犹香；西顾书台，紫绶荣封宛在。苍猿献果之时，南惊溪鹿；老鹤听经之夜，北应木鱼。自古灵山仙迹，通都播为美谈。若历岁登高、报赛、览胜、骋怀者，特土风之近习耳。又况叠发巍科，连基云轫，地灵人杰，于斯为盛。其在诗曰："维岳降神"，有明征也。夫诗谓岳降者，萃菁华而产神奇也。而仿培岳降者，仰灵异而欣神宇也。本山曰阁、曰寺，鸠工俱善，惟普贤祠前父老未有成功。历道光中，刘公更而祠之，经风霜而圮。嗣居士李请里人议重修，独张陈二公督其成。于光绪七八两秋，倡募自任，怨劳罔知。备整殿宇廊垣，图成巩固。如来西天灿金霞也，岸南海临玉斗也，紫竹黄花丽云外也，碧砌红槛华月中也，朝露琉璃瓦鱼鳞也，夕晖缭绕阁雉牒也，飞空中儆钟鼓声也，应响子来香火迹也。巍乎焕乎，人画中天，有莫罄其瞻仰者。自今以始，杨柳与梅花竞秀，佛图共仙岛同辉。左赞右襄，饶有致也。则谓祠之重光于中峰，与人之重光于上国，其勃发尤未艾焉。倘历之久远，后君子相继而珍护之，幸甚。

南邑岁进士集堂罗开益撰，俊卿张人伟书。

大清光绪八年岁次壬午季秋月中浣日，匠师郭仕国镌。

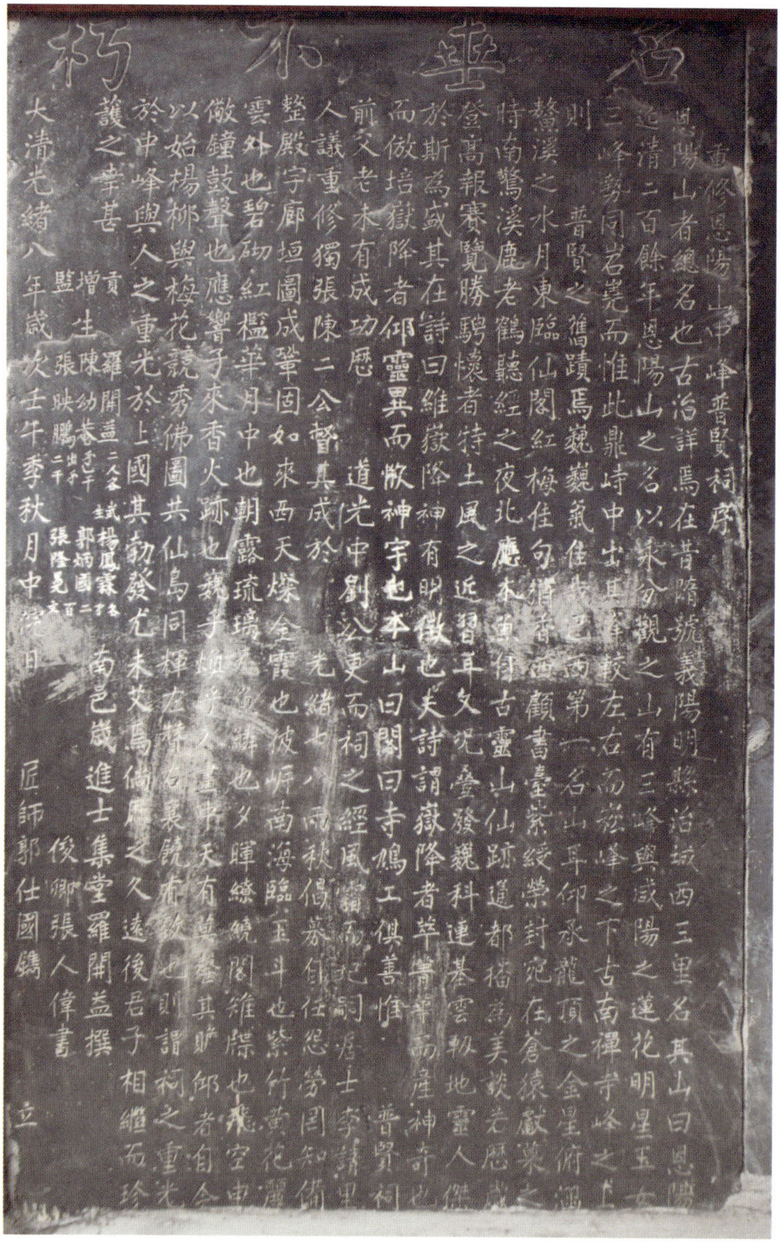

↑ "重修恩阳山中峰普贤祠序"碑刻

文治寨买山记（清·李本善）

汉宣帝地节二年，巴郡民杨量买山《记》，碑石广阔不盈二尺，为金石家所宝贵。其文数十字，为子孙永保之计。夫买山以为世业，沧桑变更，子孙未必长守。迨今稽诸州志，询之杨氏，无有纪其事者。而山在何方，亦不可考矣。独碑为嗜古者舁至金陵。吾州廖养泉先生服官江苏，见而珍之，摹拓数本，以公同好。异哉！山不可考，而其碑犹存，即此知文字不可没灭。此吾乡文治寨买山记所由作也。

山在恩阳场场西，环堵壁立，地险而近市，亦杨氏业。杨氏需钱，得值而售之，先君子约乡人醵金而买之，以为公产，修寨于其上。同治三年春，以百二十缗买寨内地，造宅者各得其所。嗣又买寨门外桥右池塘，以洎沿边硗确，价十余缗。光绪庚寅冬，复以七十余缗买寨内地。因地之平者建义仓其中，洼者以甃池。而此山已买三分之二矣。壬寅春，善偕同志诸君，以三十余缗，买寨门外田一丘、地一段，合先后四次，纵横广袤共买六十余丈，内外蝉联而不断。凿池曲护寨门。一水盈盈，两道相通，杨柳芙蓉，沿堤掩映，云影天光，鸢飞鱼跃，真活泼泼地也。常则供游览，变则有退步。以天马为屏藩，以回龙为护卫，联三峰为犄角，结五桂为声援。是山也，盖天造地设留以为吾乡之保障也。与其私之一家，何若公之乡之为愈也。窃叹昔之杨氏，矜言世守者，尚属浅见。今之杨氏售为公地者，尤具达观也。

董事诸君子，恐事久无征，界址不免侵越，爰将买山巅末，请寿诸石，故为文以记之。

传说故事

蒲道官斩巴蛇

话说义阳郡郊外有座义阳山，义阳山有一位书生，长年在庙里苦读圣贤之书。庙旁有株红梅树，长有几百年了，吸日月之精华，集天地之灵气，修炼成精，能化为人形。

一天晚上，书生读得疲倦正要歇息，忽听一阵轻轻叩门之声。书生觉得奇怪，开门一看，月光下一位婀娜少女立在门前，羞得他连施数礼。少女轻启樱唇，称自己是玉皇大帝之女，因喜恋义阳郡的热闹繁华，私下凡尘，夜晚憩居于义阳山顶，见书生刻苦夜读，特来陪他说说话，以解寂寞之苦。这女子不是别人，正是红梅树精。她夜夜凝视书生，日久生情，陷入情网后的她欲接近又恐吓着他，只有日日吐放花蕊，送出清雅的花香，让书生备感温馨。书生平日也对红梅情有独钟，每日吟诵于红梅树下，许多话都对她讲，还为她写了不少的赞美诗呢！红梅深受感动，便不顾人妖有别，欲以身相许。

书生姓陈，自幼父母双亡，寄居于义阳山神庙，日夜用功，以期有朝一日金榜题名。虽年过双十，仍无意于儿女情事，今夜突遇美丽仙娥，潇洒的他满面通红，一下子手足无措起来。

红梅幻化的小姐大方走进庙里，见里面破旧而简陋，冷冷清清，心里顿生怜惜之情。她细语道："公子，请闭上双眼。"书生闭上双眼。等他睁眼看时，屋内已变了一个模样，生活用具、文房四宝崭新而齐全，屋里还飘着浓郁的花香，陈公子觉得惊奇。小姐说："是我施展了法术，为你变来的。"陈公子深信不疑，对红梅小姐便以仙女相称。此后，红梅每天都来陪公子秉烛夜读、谈诗论文，她字字珠玑，真是无所不通，陈公子的文章也日臻精妙。

在义阳山麓，住有一条千年巴蛇精，此精修炼多年，早已垂涎于红梅小姐的美貌，多次纠缠而遭拒绝。他见红梅垂青于陈公子，恨得咬牙切齿，真想马上杀掉公子，但怕红梅反感而迟迟未动手。巴蛇精心生一计，在义阳山尾端变成一个长长的山洞，嘴巴就是洞口，专等陈公子清明为父母上坟走进洞里时，一闭上嘴巴，轻而易举地消灭情敌。

清明节，陈公子下山了，红梅不放心他独自一人，马上跟来。果然，陈公子已走进巴蛇精变成的山洞，红梅一眼看出这是巴蛇精精心设计的陷阱，想要公子退回已经来不及了。千钧一发之际，红梅飞身入洞，用身体撑住了蛇嘴，却被巴蛇一起吸进了肚里，红梅忙用自己的元神护住陈公子。

义阳山三峰相连，其中一座山上住着一位道行深厚的灵鸠道人，日日在道观里向弟子讲经传道。这一日灵鸠道人正欲行术，突听法桌上黄铜宝剑啸啸作响，掐指一算，大叫：“大事不好，巴蛇精出来害人了！”马上设起神坛，施起法术，再架起一个特大的蒸笼，燃起熊熊大火，并对弟子说：“我将进入蒸笼，与巴蛇精斗法，救出陈公子与红梅，七七四十九天之内，不管听到什么，千万不能揭开笼盖，不能断火。四十九天之后，为师自然会平安回来，千万记住!”说完进入蒸笼。

大火燃了六八四十八天，灵鸠道人也与巴蛇精斗了四十八天，眼看巴蛇精筋疲力尽，陈公子因有红梅护体安然无恙。

灵鸠道人的弟子在道观里日夜添火，丝毫不敢怠慢，指望师傅早日除妖，走出蒸笼。已经是最后一天了，弟子心里焦急万分。这时，忽听蒸笼里隆隆作响，弟子害怕：莫不是师傅出事了？还是……情急之中，竟忘了师傅的千叮万嘱，揭开了蒸笼。

其时，灵鸠道人已占了上风，巴蛇精命在旦夕，正发出一阵阵怒吼。正在这时，灵鸠道人忽觉全身一软，使不出一点法力，他知是弟子揭了蒸笼，害他法术尽失。危急之中，他拼尽最后一口仙气，把宝剑插进了巴蛇精的咽喉。只听轰隆一声，洞口倒塌，巴蛇精、灵鸠道人连同红梅及陈公子一同被压在了洞里。

红梅为护陈公子，元神离体。巴蛇精一死，洞口已塌，陈公子不能出来，红梅愿与公子同生死，不愿元神归位。从此，红梅树日渐枯萎，远没有了往日的神采，与平常树无异。

义阳山人为纪念红梅小姐的深情，在陈公子住过的地方，重修了庙宇，取名“红梅阁”，为红梅小姐塑了真身，亭亭玉立于山间晒经石（因陈公子每年在此晒书而得名）上，也为灵鸠道人修了道观，以谢他舍身为人、为民除害的功绩。在义阳山尾部，顺着当年陈公子下山的路径，还可以找到已垮塌的巴蛇洞，走进洞里，或许还可以聆听红梅小姐与陈公子互诉衷肠呢！

琵琶滩与石将军

在恩阳古镇东南方向，有一名叫“琵琶滩”的沙滩，其实就是古镇恩阳河向南而流所冲击而成的小平滩。因沙滩上扁直下椭圆形似琵琶，故名。此滩水落时裂帛声响，水涨时骇浪翻滚，水从石缝中流过，发出动人的旋律。

将军石，位于恩阳河西岸的一株大榕树下，与滔滔的河水咫尺相隔，屹立江边，岿然不动。据民国《巴中县志·拾遗》记载，它形似兜鍪，虽大水泛涨，不没其顶，人以此奇之，将它称为“镇江大将军”。

相传很久以前，天上的牧马神在牧马时，有几头天马不守天规，偷偷地跑到了人间，四处践踏庄稼，老百姓苦不堪言。石将军看在眼里疼在心里，奏明玉帝请求下凡射杀天马。王母瑶池宫的一乐女名琵琶仙子，此女与石将军的感情素来要好，于是私下跟随石将军一同下凡来到恩阳。琵琶仙子住在龙顶山的龙涎洞里，石将军住在跑马梁上，他们决心为恩阳百姓除害，用神箭射杀天马，让人们过上幸福的生活。

不出几日，私下凡间的天马都被石将军射死了。尽管如此，庄稼却荒废了。石将军为挽回损失，便化为一群耕牛，每日躬耕土地，重新让老百姓播种庄稼。琵琶仙子看到石将军终日劳苦，她白天帮助恩阳百姓耕种，晚上就用琵琶弹奏动人的仙乐，为石将军解除疲劳。有一天早晨，天空飘着鹅毛大雪，琵琶仙子出洞时碰见一赤脚牧童。牧童走在路上时脚被荆棘划破了，在雪地上留下了一道道血痕。仙子看了十分心痛，当晚就回家照着雪脚印做了一双布鞋，放在牧童的必经之路。第二天，牧童路过时见有双新鞋，试穿十分合适，便回家告诉了家人。家人不相信，就故意把脚划破从那里经过，在雪地上留下痕迹，第二天果真又有一双新鞋。这个消息传开了，人们一有什么愿望都到龙涎洞祈祷，都能实现，恩阳百姓渐渐过上了幸福生活。谁知，玉帝把琵琶仙子的行为视为触犯天规，便遣天兵天将，将她捉拿归天。琵琶仙子被天兵抓至天空时，心想，今生今世再也不能与石将军相见，不禁潸然泪下，便将手中的琵琶扔进了恩阳河，给石将军留作纪念，谁知琵琶入水就化为了石琵琶。

石将军见琵琶仙子被抓，心如刀绞，想起平日仙子对自己情深义重，便觉生不如死，投潭自尽后化为一块巨石，被称为“将军石”，横卧在石琵琶的下游，陪伴着琵琶仙子。每逢河水流过，便有美妙动人的旋律发出，好像在倾诉衷肠，诉说那凄婉动人的故事。

喻元吉的故事

喻元吉，字福庵，号秉渊，恩阳人，出身于书香世家。曾祖父喻龄昌，号龄懋，清乾隆四十二年（1777）恩贡，先任天全县县谕，后升云南恩安县知事，为官清廉，有“喻青天”之美誉。祖父喻贯一，父亲喻焯先，都是饱学之士。喻元吉自幼继承家学，秉性

↓《挂印知县喻元吉》剧照

聪明，读书刻苦，考中廪生，后为清道光举人，官至知县，一生清廉，至今还流传着喻举人刻苦读书、为官清廉的许多佳话。

墨香胜蜜甜 一年的中秋之夜，皓月当空，秋风宜人，喻元吉一家围桌赏月，吃月饼，品糍粑，饮米酒。而喻元吉却独自一人关门苦读。为不打扰他读书，家人便把一盘糍粑和蜜糖放到书桌上，嘱其吃了再读。这时喻元吉诗兴大发，望窗外一轮明月，随手提笔写道：

月满自高丘，江通无峡流。
轩窗开到晓，风物坐含秋。
鹊警银河断，蛩悲翠幕幽。
清光望不极，耿耿下西楼。

写完之后，他一边用左手轻击书桌低咏，一边用右手拿起糍粑蘸起蜜糖，津津有味地吃起来。当家人进屋去取碗碟时，忍不住大笑起来。他莫名其妙地问：“笑什么？”家人指着他的脸仍笑个不停。喻元吉拿起镜子一照，原来满嘴乌黑，他拿糍粑蘸的是墨水不是蜜糖，墨水被蘸了个精光，蜜糖一滴未动。他自己也忍不住笑了起来，幽默地说道：“蜜糖不如墨香，蜜甜一时，墨香一世嘛！”

引咎辞县官 喻元吉16岁时以优异成绩考入州学，享受州府廪膳供给，俗称“廪生”。入学后，更是发愤不息，六经之学样样精进。于清道光己酉（1849）科中举。其后在巴州最高学府的宕梁书院讲学，曾代州官设宴招待参加乡试的学子。讲学期间，喻元吉同情学子、革故鼎新，并带头捐资筹办“宾兴费”（指学子考试中的试卷费、公车费、招待费等开支），为学子解决实际困难。

清乾隆时制定了大挑之制，三科以上会试不中的举人，挑取其中一等（有说指相貌）的以知县用，六年举行一次，给举人以出仕机会。喻元吉以大挑授云南保山县知县。

其曾祖父喻龄昌，亦曾在云南恩安县任知事。喻龄昌于清乾隆四十二年（1777）岁试选拔，先在武英殿四库馆效力，签掣州判，分发云南任阿陋井盐大使，丽江府维西通判，开化府同知，借补景东厅经历，又调昭通府恩安县知事。恩安县地处边疆，盗匪蜂行，县域难治，历任知事多数任职未满不是罢职就是丢官。喻龄昌深知“安政多抚绥，宁政多揄扬”，采取镇抚兼施、感化为上，首恶必办，裹胁不纠，励民桑麻，卖刀买牛。到任不到半年，政治和顺，匪盗潜迹，县域得治，庶民敬仰。“喻青天”之名传遍恩安。

喻元吉决意继承曾祖父遗志，当一介清官。到保山县之后，不收贿赂，不受吃请，以其官俸供养一家人，过着清贫生活。一天，他下乡巡察民情，刚回县衙，衙役就来报案。他家也未回，脸也未洗，立即升堂问案。此是一桩杀人案，案情明朗，犯人供认不讳，证人证据确凿。喻元吉审问之后，立即宣判，嘱师爷具案申报刑部，待秋后处决。刚宣判完，罪犯突然吼道：“怎么！要了银子，还要脑袋吗？”喻元吉虽宣布退堂，但深感诧异，他怏怏不乐地回到家中，夫人见状问明情由，便将罪犯家人送来银两讲情，她不知如何处置，等元吉回家处理的实情相告。喻元吉对此深感惭愧和自责，一面派人退还银两，一面连夜写辞呈上奏朝廷。不待朝廷批文下达，喻元吉就挂印而去，舍荣耀之职而保清誉之名。

喻元吉每次审案之后，都独自一人仰望苍天，扪心自问：断案是否公允，做事是否上不愧朝廷下不愧黎庶？此事传到清帝耳朵里，乃赐“问心堂”匾额。喻元吉挂印回乡之时，别无长物，只一轿一匾而已。

历代诗文

送令狐岫宰恩阳

大雪天地闭，群山夜来晴。居家犹苦寒，子有千里行。

行行安得辞，荷此蒲璧荣。贤豪争追攀，饮饯出西京。

樽酒岂不欢，暮春自有程。离人起视日，仆御促前征。

逶迟岁已穷，当造巴子城。和风被草木，江水日夜清。

从来知善政，离别慰友生。

作者韦应物（737—792），唐，西安人，唐代永泰中期任洛阳京兆府功曹，后为令，还出任滁州、苏州、江州刺史。本诗是唐代宗永泰年间，其任京兆府功曹时，饯别令狐岫出任恩阳令的赠慰之作。

送令狐明府

行当腊候晚，共惜岁阴残。闻道巴山远，如何蜀路难。

荒林藏积雪，乱石起惊湍。君有亲人术，应令劳者安。

作者皇甫冉，今甘肃平凉地区人，生于唐开元二十五年（737），进士，历官无锡县尉、河南节度使幕府书记、拾遗右补阙，颇有诗名。本诗是其参加令狐岫送别宴时作。

红梅阁

踏入君家百步香，隔帘初试汉宫妆，

直凝梦到昭阳里，一笑轻钿绕淡黄。

作者韩驹（1086—1136），宋，四川仁寿人。赐进士出身，屡官著作郎、中书舍人、直学士。本诗是其任江州太平观职务时，游历恩阳所写。

题登科寺塔院诗

（明）

清山结画图，中有相儒宅。卷帘庭草翠，插架牙签白。

黄卷对圣贤，青云登俊杰。至今奎壁星，犹照寒松色。

按：此诗题刻于登科寺塔院石壁上，由于风化，作者名字不详。

登三峰山

红梅阁畔访仙踪，漫漫白云海里峰。

王鄂俏桃何处去，梅花依旧笑春风。

朱敬羲，巴州镇人，清末秀才。

狱中吟

一生低首拜中山，大德日生未可删。

忍看子遗无死所，岂容贪佞在朝班。

为民喉舌抒民愤，知我春秋罪我奸。

不惜断头争正气，巴人自古有严颜。

作者王鳌溪，恩阳人，先后任《团务日报》《新时代报》《国民日报》《重庆日报》《商务日报》《新大陆报》总编辑或主笔。1932年秋被秘密杀害于南京雨花台，时年38岁。

特有的节气歌谣

说子

说个子，道个子，正月过年耍狮子，二月惊蛰抱蚕子，三月清明飘蚊子，四月立夏插秧子，五月端阳吃粽子，六月天热买扇子，七月立秋烧袱子，八月过节麻饼子，九月重阳醪糟子，十月天寒穿袄子，冬月数九烘笼子，腊月年关躲债主子。

催耕

正月十五放花灯，送完火龙回家门。十六登高望四野，雨水要来快收心。二月惊蛰抽嫩条，家家户户育五苗。闲下无事搬粪草，春分就把豌豆薅。三月清明谷雨来，田中撒秧早安排。花红柳绿人人爱，莫学浪子赶春台。四月立夏正捡蚕，转身过来是小满。过了小满闲人少，灌过黄秧早耕田。五月芒种赶端阳，大麦酒儿泡雄黄。过了夏至麦不捡，下河飞来李桂阳。六月里来热难当，大暑小暑正薅秧。一年只忙四十天，一天存下九天粮。七月里来要立秋，忙把秧田稗子抽。只盼处暑来下雨，迟了谷穗不低头。八月里来正中秋，白露打谷把水收。层层田埂要糊好，过了秋分水见少。九月里来正重阳，菊花开了遍地香。胡豆点在寒露口，霜降点麦收一斗。十月快把红苕挖，立冬过后雪纷扬。庄稼活路做上岸，小雪才把冬田耕。冬月里来大雪落，上山砍柴烧火笼。六畜窝干饲料饱，冬至过后把土拢。腊月先开岭上梅，小寒大寒冷死人。二十七八把场赶，送走寒冬又过年。

结语

恩阳古镇的自然状态，如同一位饱经风霜的老人，安详、沉静。看茶馆里那朴拙厚实的大方桌、蛮实的大条凳；那淡淡的盖碗茶、浓浓的旱烟味；那谈古论今永远的龙门阵。走在那起伏曲转的青石板小街上，小街很静，静得连风的脚步都清晰可闻。那半开的雕花窗扇，总让人遐想一位古典女子幽幽探出头来，嗔怪到此行走的人们脚步太重，惊扰了她的清梦。

游历古镇，就是游历过去，古风扑面，让我们的心沉静下来，

↓ 恩阳晨曦

平和地面对浮躁的时代。多少年来，人们总想对古镇进行“保护与开发”，让古镇更好地为今人服务，究竟如何去操作，众说纷纭。比如用绿化带将古镇与新街相隔，以旧还旧；建仿古一条街，修复或重建宫、寺、庙、塔、阁；兴办龙舟会、庙会、婴亲会、灯会；开发旅游产品竹编、古玩、古装、民间刺绣、民间小吃等，还原古镇的“原始风貌”。

↑ 巴恩快速通道

想法很好，但实行起来却需要巨大的投入，谁来埋单呢？生活在古镇的人们，一方面为生活在名镇之中而高兴，另一方面却要为这份历史负重。守着老祖宗留下的“基业”，居住在已经破旧的老屋之中……房子是不拆了，但日子不能停顿，人心总在思变。古镇保护能带来什么？这给生活在老城的人们带来一个很大的困惑。

多少年来，恩阳古镇在艰难中固守着原初的格局和风貌，时刻希冀能够科学开发再度繁华，重现当年的胜景。

得到有效保护的恩阳古镇终于等来机遇。2013年，国务院批准新成立恩阳区，根据《四川省人民政府关于同意调整巴中市部分行政区划的批复》，新成立的恩阳区行政中心预计占地27平方公里，规划人口30万人。恩阳古镇再次成为新区的核心。

巴中市为助推恩阳区发展，将恩阳纳入了中心城市的总体规划中，成为一城两翼的重要组成部分。连接恩阳的原省道101线，经过拓宽改建，化身为城市建路，中心城区至恩阳仅需10分钟左右。

连接恩阳的道路四通八达，除成巴高速、国道唐巴公路途经恩阳外，规划新建的绵巴万高速，南充经巴中至汉中的快速铁路，也都经过恩阳并开工在即。巴中恩阳机场也于2018年年底通航。恩阳已初步构建集国省干道、高速、高铁、机场于一体的大交通格局。便捷的交通为恩阳的繁荣奠定了坚实的基础，区位优势更加凸显，地处成（都）渝（重庆）西（安）几何中心和关天经济区、成渝经济区的连结带，同时也是北上南下的中转区，是巴中西向南向的桥头堡。

恩阳古镇作为恩阳一笔骄傲的文化遗存正在发生改变。2014年，启动了古镇保护性修缮和改造工程，先后对红军经理处、胡家

↓ 恩阳安居新村

大院、大栈房、三圣宫等进行了重建和改造；新建了游客中心、廊桥、生态河堤及旅游配套设施，古镇环境得到根本改善，正以全新的姿态向世人展示她传统、自然的古朴之美。在川东北地区，与阆中古城、剑门蜀道等周边知名文化景点构成文化旅游金牌线路；在全市，与光雾山、诺水河、川陕苏区烈士陵园、南龛坡等景点构成巴中旅游大环线，并处于巴中环线旅游的首站区。

“客人哪里歇，早迟恩阳河”，曾经的车水马龙、商贾云集，曾经的繁华去处，旅人归宿，如今重新上路前行的起点。历久弥新，千年米仓古道上的重镇恩阳，在保护开发中，正旧貌换新姿，闪亮登场，恩阳古镇的未来值得期待。

↓ 成（都）巴（中）高速柳林互通立交桥

恩阳新村

后记

从对恩阳进行立档调查，到形成丛书的编纂工作，历经了一年多时间，当书稿文字和图片等即将全部完成时，对恩阳河，我仍像小时候一样，掺杂着一种十分复杂的感情，想说的话也就多起来了。

我老家现属恩阳三星，母亲喻彦文恩阳区兴隆镇人，是《挂印知县》里喻元吉的第五代后人，刚解放时，在恩阳读过中学。我们家老大、老二、老三都是水灵灵的女孩儿。很小的时候，无意中听到母亲与媒婆的一次对话，母亲说：我这几个女儿，要定亲的话，就定一个在恩阳河。媒婆问为啥？母亲说：恩阳河的水好，好洗衣服呀!

自母亲这句话后，恩阳河好像月光下一根细细的水草，轻轻地摇曳在一片小小的心湖里。

↓ 山水恩阳

不遂大姐的心意时，她也曾威吓我：“不听话，把你引到恩阳河甩了。”我那时手里正拿着一本《格林童话》，记住了小公主迷路森林时找路的法子，因而多少有些无惧。大姐不屑地一笑：“恩阳河可不是我们三星场，上街跌跤子、下街捡帽子，人家有大大小小几十条街，大街连小街，小街套小巷，两桥锁了三条河，单位就有百多个，光看牌子就把你眼看花了，头望晕了。你还找得到路？赶场天，人挤人，鞋挤掉了脚都找不到。你还找得到方向？还有那深宅大院，一套院子就有六七十间房，四五个天井。后花园里，鱼池假山、绣楼书房、古藤大树的，比‘地道战’还复杂，把你引进去，哭都没人听得见。你还回得了家？”我望着大姐恩威并施的脸，再也说不出话来。这时的恩阳变成了一只巨蟹，暗暗潜伏在流泉淙淙的石缝里，那毛毛脚挠得人心直发痒。

那时对恩阳的心情变得很复杂，一会儿想念，一会儿排斥，就像希望看杀狗的少年，又想看又怕看。我想早一点见识恩阳，去

见大人所说的“世面”。我住的地方只一条街，街上也有几所大宅子，就是公社大院，才两个天井，一座绣楼，一个花园。花园小，只有一株大桃树，树荫旁耸着一砖墙碉堡。我又怕去恩阳，怕迷失在那幽森的大街小巷里，怕从此失去家园，见不到爹娘，成为一个异乡的孤魂野客。

那时，谁家嫁女接媳妇需赶大场，便去恩阳河。恩阳有百货公司、供销社。马灯，铺笼罩被，衣服鞋袜，碗筷雨伞应有尽有。男女两家都会抽人陪同即将成婚的新人去赶恩阳。一年又一年，我一直没有机会赶恩阳，便在心里把那悬在空中的希望用红线牵引到最大心事上：等到出嫁时，总可以赶一回恩阳河吧？

以后的年月，从成人到参加工作，见识恩阳的机会多了。作为古镇，恩阳与我从南到北相遇的不计其数的其他古村古镇相比，跟周庄、西递、宏村等确实有很不一样的地方。我为她也写过一些文章，表达着自己的感觉和情愫。

恩阳古镇在我的感知中，待字闺中，未披婚纱，未被矫饰，纯如春之柳、夏之荷，可是，正因为是这样，如果谁要游历古镇，探索她的秘密，鉴赏她的风味，我会提醒，这样，才不至于唐突了她，惊吓了她。

要好好地游恩阳，就要找到某种细致微妙的感觉，就得先准备一种心态：流浪。纯粹的流浪，与花钱的旅游不同，即使有钱也不乱花，要简约，不单指行李，也包括吃饭，不能老惦念着。吃饭是歇下来才想起的事，随便什么都行，碰上啥是啥，不挑剔。会走路，不让自己轻易走累的那种，姿势端直，轻步松肩，一边看令人激动的景，一边却呼吸均匀。会小憩，站在街角不动，或是坐在地上，或是一家的木门槛，三五分钟就好。不常吵着喝水，动不动丢下一个矿泉水瓶子，即使坐地上、台阶，裤子也不脏。

就算你是高级摄影师，游恩阳，也不必带相机来，这才有平常心，对世界既不打算多取，也没打算多予。

↑ 穿斗木结构建筑

不要忘了，你还得约一个人，这个人不能和你同时来，他正在途中，从遥远的地方向你走来，这就比较有滋味，就像你知道终有一道好菜、一道佳肴美味，必至盛宴已过，才姗姗呈上。这不是金线吊葫芦，也不是李调元的生死幽默：你先去安排好桑麻，我教儿再读两卷经书，随后就来。嗯，你对他还不太了解，正隐隐约约期待着某种发现，可是呢，欲望也并不怎么强烈，并不抱有什么希望，就像你面对这陌生的古镇，不知她的容颜，不知她的家世。有媒人说的那么娇俏么？但是呢，也无所谓，反正有你心仪情悦的一个人，如一朵云，正一点一点向这古镇移来。

现在，你可以拍拍坐凉了的屁股，紧紧鞋带，站在桥栏旁张望一下，河左河右，青瓦白墙，青松古塔，红梅阁，巴蛇洞，来来往往的车流，扫一眼绕镇而过的清江，吸一口气，再享受一下巴山边缘层层翠岗的绿浪，朝桥下走。

步换景移，古人说的对吧，曲径通幽，不期然桥洞下就安然卧着一条长长的老街，不见头尾，沉寂落寞而又平静。老式的骑门柜台，老式样编有号码的板壁，黑瓦泥墙，多少年的日晒雨淋，燕巢垒垒。铺子却又并不荒芜，与生活并未切断，五颜六色的衣服鞋帽，花花斑斑的窗纱布料，黑光锃锃的仍是锅铁犁铧，仿佛还是供销社的食店。洗得黄澄澄的方桌不知被多少人的衣袖摩擦。发白的条凳落座过多少人？雕花的门楣上有一个小牌，你凑上前去，良久，才辨认出来，那是街名，方便在文件、书籍、旅游册子上书写的称谓：回龙场。为什么叫回龙场？你也不必细斟，居住在这街上的人自然明白。因街成龙形？可也；因街外的河在这儿回头？可也；因那个红梅仙子和巴蛇的神奇传说，可能。

就这样走，走一阵，停下来，站定不动，抬头看，再退后几步，再抬头看，或许才能看得清楚。月梁弯弯，飞檐隐隐。那边，是明清的封火山墙么？观音篼柔美如波。有时你必须走近几步，踏上某个高台，踮起脚，眯起眼，如此才能瞧见，因为你遇上了一个大宅子，幽深不知几重，雕梁画栋，一个天井，板壁或石墙后，似

↓ 四水归堂内天井

乎还有一个天井。

你可以走进去，通常不会撞见人，就是撞见了，他也不会盘诘，因为你太普通，很像找宅子里小五子玩的女子，他不经意地瞟了你一眼，又眯上，摇晃椅背去了。

天井后果然还有一个天井，还有小小的花园，墙边一棵老树，虬枝相触，树身上猛然开着孤零零的一两朵红花，精精神神，越发衬得湿地的绿苔碧森森、翠荫荫，叫人平明生出一股寒。既然生命如此短暂，干脆尽欢一场，来个痛快吧！这是你面对花儿所倾听得到的喁语。五十年前，一百年前，也许就有一个垂着大辫子，面若杏花的女子，从这繁复的雕花窗里义无反顾地走了出来，走出来，顺着河，搭上一条船远去。她后来怎么样，你也不必挂心，她自有她的故事，她的结局。

走走，停停，对着一段石墙，一扇花窗，一副脱了金漆的匾，嗅嗅，摸摸，品品，有几条街了吧，田湾街，鸡神楼街，姜市街，桂花街，风雨剥蚀，斑痕累累，一条比一条偏远，一条比一条沧桑，一条比一条幽深，但如果想把这小镇的中心搞清楚，你至少还要能走横的直的加起来约十条街吧。

天很蓝，很高，时有几朵云，闲闲地挂着，有时也撩过当街晾晒的几件衣物，翻越到屋脊另一边去了。横跨的电线上，有几只鸽子翻着小眼瞪着你，它可知道你是外方人，尽管有赤膊的小伙子错了眼地招呼你：阿敏，回来了？承他热情，你小善点头：嗯，回来了。这就是简约的意义，不带相机的秘密。你信步走着，所有的人只当你是镇上哪家外出的姑娘，老人依旧当街斩剁着她的肉丸子。有儿童跳花绳，你从绳边蹭过去，碰到几个傻小子修房，拾起梭到脚边的小木块，如重拾童年旧欢。唉，你想起了你童年玩过的把戏，那些木块，瓦子，杏仁核做的响哨。它们被岁月的虫子蛀蚀了吗？还是安然无恙地藏在老屋的某个角落里把你回想？更小的几个鼻涕虫当街用粉笔画画，一只刺猬，两个长耳朵的小兔子，空空肚皮上被歪歪扭扭涂着被捉弄人的名字。你拾起粉笔，随手写了几个字。是他的小名。

你忽然想起了那个人，那个也在这样老街长大的人，你们已失散多年，这一刻，你的心像生了雾，潮湿而温润，那个名字越过长长时光，乘着古老的风，从零度空间向你坠落，落到唇边，手上，落在这覆满阳光的青石板上，你耳热心跳，眼泪是那样盈眶欲滴，鼻涕虫呵呵大笑，以为你在写他呢。

↓ 秋韵映墙

童年与青春的际遇在刹那间相逢，这是岁月的慈悲，你有些惆怅地站起来，目光越过一张一张石板，一家一家的木门。柜台里对镜掐灭青春痘的小伙子朝镜里的影子微笑，你像一个梦似的向前漂移，移过长长的石阶。这石梯，几百年人踩马踏，中间磨成了斜面，有些地方已被青苔覆满，有些偶有苔藓过路，留下几抹淡绿，并未驻足，而青苔似乎努力着，台阶又耐心等着，再过些日子，相信终有结合的一天吧，不过，要赶上其他台阶的荒凉，还需要许多岁月。

台阶出了头，忽然有一片浓荫，一片水声，街坊已尽，你已来到镇子外边，河边一片小树林，密不透光，掺和着一种夏日正午才有的诡异。却很美，很诱人，适于幽会。这诡秘的幽静又被河水清

↓ 时痕可鉴

流减缓了几分揣度，几分莫测。有不少人在洗衣服，洗的都是冬季的棉货，日子依旧啪啪地被棒槌捶打，阳光下，溅起一片千年的砧声。看这天气，掐一下指头，哟，怕是六月初了吧，六月六，晒衣服，怪不得刚刚经过的几条街，摊晒着好些陈旧木箱子，箱底的旧衣释放出一缕缕绵延淡薄的樟脑味。

顺着林子走，猛听得一声锣鼓响，有川音试嗓：冷清清潘郎啊今何在？咦，谁在唱秋江？那登舟而去的是古镇的妙常么？跟踪这声音而去，临河的吊脚楼也是一条半边街，石墙危危，沧桑经年，有茶铺，小吃店，几个老戏迷在打坐唱。选一把竹躺椅，要一杯粗茶，也摇着椅背嚼起零食来，呷着，听着，一个哈欠袭下来，不觉醉眼蒙眬，慢腾腾睡了过去。

↑ 街巷里的孩子们

醒来，人已散，只剩水声哗啦。日光开始偏斜，不再那么刺眼，而且透着亮光，你朝前走，吊脚楼上斜挂着一辆婴儿竹车，像一段烟灰色旧事，如果指头一动，那个梦就会散架。椅里的婴儿也像我这样，在某一个角落流浪么？他可知他的家人还为他存着这个念物么？唉，什么时候她才知道丢弃那些不必要的寻觅与追索，穿过茫茫夜色，淋着霜月回来？

脚下的街似曾相识，在哪刚见过，待看到石板下那个模糊的涂鸦，忽而想起前面那个人来。

咦，那不是他吗，细致风流，拐角的街口，正跟一个老伯打听，那老伯慈面盈笑，大概当他是这老街谁家的上门女婿。你是不是在找启凤桥的阿敏？她刚回来呢，你们，没有同路？

↑ 消磨时光

一转身，他看见了你，双目如星，储满了笑，咧嘴迎过来。夕照把他剪裁成了一个鲜丽的幻影，你还似梦中一样凝神，还是不能确定他是不是哪个人，他就像网上、荧屏上的一个动画、一个影子，总是在动，总是不易琢磨。

然而，他究竟落下来了，落在古镇的石板上。而古镇，你走了这么久，早已了然于心，就像包里翻旧了的《红楼梦》。现在，你可以一笔一画地寻觅，查找了。

你和他慢慢地走，听他讲耕种的往事，所有不服气、不服输的企盼，所有因努力而获得的快乐，以及因爱而留下的伤口。你重品这老街，如闻醇厚老酒，丝丝香魂绕心。他仿佛就是那婴儿车里的小主人，如今漂泊够了，流浪够了，穿越千山万水，羊肠小道，回到这里来。你呢，你就像从未离开过，从未走出过这条小街，还穿着那袭碎花旗袍裙，一直坐在门边，朝街口张望。

也许，这只是个幻觉，一个梦影，那个人也许并没有从街角走出来。其实，他究竟有没有出现，也不那么紧要了，爱有天意，该相逢自有相逢一天，你还得继续走，直到又走出古镇。

结束了么？结束了！结束了也并不叫人感伤。所以说，要准备好流浪的心态，这种流浪有些冷，是一种冷静的艺术，激烈的情感被收敛，远离人间烟火，不求助于亲戚朋友，不求情于路人，寂寞二字不放在心上，文化温馨不看在眼里，如果你行，就会游任何一个古镇，这一层，很难炼得出，我也并没有达到。

也许话说多了。其实在后记中，我最应该说的是恩阳得到中国民协和省民协的看重和厚爱，既把传统村落立档调查纳入全省的样书项目，又列入《中国民间文化遗产抢救工程——中国历史文化名城·名镇·名村丛书》，我为恩阳感到激动。当任务落实下来，要完成这两件事，虽然作为基层民协组织的一员，应该去做，但是，我生怕自己能力所限，做不好，心里十分忐忑。

启动对恩阳传统村落立档调查，我积极主动开展工作，就当是提供我对恩阳进行再了解再认识的机会。也权当是对我母亲未遂心愿的弥补吧。

其实要完成这项任务，看似简单，却也艰难，好在有省民协的指导，市民协的支持，我邀请田野调查、摄影、资料收集等方面在当地具有顶尖水平的人参与，组成了一个团队，热情投身到这个专项工作中。非常感谢阳云、彭从凯、岳鹏承担的具体任务，他们都任劳任怨，兢兢业业尽责去做。同时也非常感谢中共恩阳区委、区人民政府和恩阳区委宣传部、区文广旅局，古镇办等部门的支持协助，才使得丛书所需内容顺利完成。尽管我们已经作出最大努力，但遗憾处肯定也还不少，我们将不断修改和完善。

陈俊

2018年12月

参考文献

[1] 巴中市巴州区政协：《巴州志校注》，2002年重印。

[2] 巴中县志编纂委员会编：《巴中县志》，巴蜀书社，1994年版。

[3] 巴中市巴州区地方志编纂委员会编：《巴中市巴州区志》，中国文史出版社，2013年版。

[4] 《华阳国志》校注修订版，成都时代出版社，2007年版。

[5] 巴中市巴州区政协编：《古镇恩阳》，2007年版。

[6] 中共巴中市恩阳区委宣传部、恩阳区文广新局编：《魅力恩阳》系列文化丛书，中国文史出版社，2013年版。

[7] 政协巴中市恩阳区委员会编：《恩阳民俗》，2015年版。

[8] 阳云著：《巴中的前世今生》，作家出版社，2004年版。

[9] 陈俊著：《巴中方言土语》，中国文联出版社，2015年版。

[10] 《中国历史文化名村·河北神头》，知识产权出版社，2017年版。

图书在版编目（CIP）数据

中国历史文化名镇．四川恩阳 / 中国民间文艺家协会组织编写；潘鲁生，邱运华总主编．—北京：知识产权出版社，2020.1

（中国历史文化名城·名镇·名村丛书）

ISBN 978-7-5130-6564-1

Ⅰ．①中… Ⅱ．①中… ②潘… ③邱… Ⅲ．①乡镇—概况—巴中 Ⅳ．① K928.5

中国版本图书馆 CIP 数据核字（2019）第 235082 号

责任编辑：孙　昕　　责任校对：谷　洋

书装设计：研美文化　　责任印制：刘译文

中国历史文化名城·名镇·名村丛书

中国历史文化名镇·四川恩阳

中国民间文艺家协会　组织编写

总 主 编　潘鲁生　邱运华

本卷主编　陈　俊

出版发行：知识产权出版社有限责任公司　　网　　址：http://www.ipph.cn

社　　址：北京市海淀区气象路 50 号院　　邮　　编：100081

责编电话：010-82000860 转 8111　　责编邮箱：sunxinmlxq@126.com

发行电话：010-82000860 转 8101/8102　　发行传真：010-82000893/82005070/82000270

印　　刷：天津市银博印刷集团有限公司　　经　　销：各大网上书店、新华书店及相关专业书店

开　　本：720mm × 1000mm　1/16　　印　　张：13.5

版　　次：2020 年 1 月第 1 版　　印　　次：2020 年 1 月第 1 次印刷

字　　数：170 千字　　定　　价：80.00 元

ISBN 978-7-5130-6564-1